河合隼雄のカウンセリング講話

創元社

刊行にあたって

京都大学こころの未来研究センター教授　河合俊雄

本書は、「四天王寺カウンセリング講座」での父河合隼雄の一連の講演記録をまとめたものの最後の一冊で、没後、二〇〇九年に刊行されている『カウンセリング教室』と対をなす。ただし本書には、日本てんかん協会での特別講演「病をいかに受けとめるか」も第五章に所収されている。

体系だってはいないものの、『カウンセリング教室』の方が、「時間」「人間理解」などについて述べることによって、カウンセリングの基本的なことの説明を中心としていたのに対して、本書は、「女性」「芸術」「禅仏教」「中世の物語」「病」というさまざまな題材を切り口にして、カウンセリングの本質を明らかにしようとしているところが特徴的である。カウンセリング自体について直接に説明しようとしても抽象的で原理的なものになりがちなので、たとえばユングは「錬金術」という「他者」と向き合い、その視点から心理療法の本質を明らかにしようとした。本書も、芸術、禅仏教など、さまざまな視点からカウンセリングの本質に迫ったものと言えよう。

第一章「カウンセリングと女性」は、具体的な女性や男女を扱いつつも、機能としての女性性にも着目している。「抱きながら分離を促す」という節が見事で、人間には「一つになってわかったという感じ」と「やっぱりあなたと私は違う」として分離するところの両方が必要で、それがカウンセリングにも重要だという指摘には納得させられる。「女性」というのは一つの切り口で、全体を視野に入れてカウンセリングや人間について述べられているのがわかるのである。

近年に操作的な心理療法が勢力を増すなかで、第二章「カウンセリングと芸術」において、マニュアル的なやり方の問題が指摘され、芸術もカウンセリングも個性を生かすところに特徴があるとされているのは興味深い。さまざまな芸術や芸術家を手がかりとして、カウンセリングの本質が明らかにされるが、オペラ歌手の藤原実穂子さんの体験から、芸術においてもカウンセリングにおいても「Xとしか言いようのないもの」を扱っているというのは腑に落ちる。

第三章「禅仏教とカウンセリング」は、上田閑照先生の『禅仏教』を手がかりに、カウンセリングで起こることを明らかにしている。特に言葉の問題の指摘が興味深く、カウンセリングにおいていかに言葉のないところが問題になり、それが言葉になり、またさらにそれが捨てられるかという運動が生じているのがわかる。

第四章「日本中世の物語の世界」は、『宇治拾遺物語』を手がかりにしている。この講演は、エラノス会議で「相互浸透：中世日本における夢」という題で一九八六年に行われた英語講演を元にしている。中世の物語における夢やあの世への関わりから、心理療法へのヒントを得ている。邦訳された『日本人の心を解く：夢・神話・物語の深層へ』（岩波現代全書、第一章）も合わせて読まれることをお勧めする。

第五章「病をいかに受けとめるか」は、「創造の病」という概念を持ち出しているように、いかに病によって人生が豊かになったり、新たな展開が生まれたりするかが主に示されている。この章では、いくつもの事例を使って説明されているのが印象的である。

本書は一般的なことを問題にしながら、第一章にある「一人の人間」ということの大切さ、第二章の芸術における個性を生かすことの大切さ、第四章の「たった一人の経験」など、著者が徹底して一人の人間に向き合い、またその可能性を考えていることがわかる。だからこそ本書は、もともとの対象であるカウンセリングを学ぶ人たちにとって重要なだけではなくて、個々人が自分の生き方について問い直していくきっかけとしてもお勧めできるところである。

最後になるが、本書に関しても、父の生前からの編集者である渡辺明美さんに細部の訂正などに関して非常にお世話になった。記して感謝の気持ちを表したい。

河合隼雄のカウンセリング講話　もくじ

第4章 日本中世の物語の世界 145

第5章　病をいかに受けとめるか

装丁 濱崎実幸

河合隼雄のカウンセリング講話

第1章　カウンセリングと女性

この講座には初回から毎年来ていたのですが、最近は外国に行くことと重なって、残念ながらしばらく来られませんでした。今日は久しぶりに喜んでやって来ましたが、今回もたくさんの方が来ておられてうれしく思います。「カウンセリングと女性」という題の関係もあると思いますが、女性の方がすごく多いですね。毎回同じ話はできませんので、ない知恵をしぼって違う話を考えていますが、「カウンセリングと女性」という話は、これまであまりしたことがないのではないかと思っています。

今日は女性の方が多いのですが、実際カウンセリングをしたいという人には女性が多いです。それから、受けたいという人も、特に大人の場合は女性のほうが多いのではないかと思います。子どもの場合は簡単に言えなくて、統計を取ったわけではないのでわかりませんが、ひょっとしたら男の子のほうが多いかもしれません。

男女差ということ

私がこういう仕事を始めたときに、ある偉い学者に、「君はカウンセリングなんかやっているのか。カウンセリングなんかは男子一生の仕事じゃないよ」と言われたのをよく覚えています。私は、「はあ」と畏《かしこ》まっていましたが、心の中では「七度生まれ変わって、七生やってやるぞ」と思っていました。

実際、いまでも、カウンセリングは男のすることではないと思っている人が多いかもしれません。なぜなら、カウンセリングと言うと、どうしても「柔らかく受け入れる」というイメージが強いので、男性よりも女性に向いていると思われるようで、男性の仕事というのは政治や経済でばりばりやっていくものだと思っている人が多いのではないかと思います。

それに対して、男女でそんなに差があるはずはない。男でも女でも同等にやっていけるではないかと主張する人もいます。この頃は実際に、いろいろな分野に女性がすごく進出しています。一概に男女の問題を論じることは難しいのですが、それだからこそ、こういうことを一度しっかり考えてみようかと思ったのです。

はじめに、カウンセリングについて考える前に、男女差ということを考えてみたいと思います。先ほど言いましたが、一般に女性のほうは「受け入れる」とか「優しい」とかいうイメージがあり、男性のほうは「積極的で押し出していく」というイメージがあるのではないかと思います。

それに対していまは、男女平等ということがすごく叫ばれていて、「そんなことはない。どちらも同等だ」とも言われています。

「母の時代」

私は、「いまどう考えるのか」と言う前に、「歴史的に見る」ことが大事だと思います。おそらく古い時代は圧倒的に女性の時代であったと思っています。女性の時代と言うより「母の時代」と言ったほうがよいかもしれません。

母は、子どもを生みます。お母さんから子どもが生まれてくるからこそ人類が続いてきました。だから、何と言っても子どもたちはお母さんを頼っているし、お母さんがすごく大事だったのです。これはまだ本当にはわからないのですが、非常に多くの宗教が、母親、母性、母なる神というのを信じていたのではないかと思われます。またこれも簡単には言えませんが、そういう意味で、母というのが強かったのだと思います。

女は子どもが生まれて娘から母になりますが、男ははじめ何の役に立っているのかわからなかったかもしれません。男なしでも子は生まれると思っていたのではないでしょうか。だから、母と娘とが中心にいて、周辺に男がいたという解釈だと思います。

ところが、人類が進歩してくると力が必要になる。つまり、何か作ろうと思うと力仕事がいる。

あるいは、野獣と戦うとなると、戦う力がいる。あるいは、よその部族と戦わねばならないというので、男の力や権力というものがすごく大事になってきて、男がだんだん中心に入ってくるようになります。

すると、母と娘を中心にして男は周辺にいたのですが、だんだん男が権力をもって真ん中のほうに入ってくるようになりました。ただおもしろいのは、男がどんなに権力をもっても、生まれたのはお母さんからですから、何と言ってもお母さんにはちょっと頭が上がらないというところがあります。

だから、母子神――母と子どもを祀った神様はすごく多いです。いろいろな神話を見ても、たとえばいちばんはじめの王となった男や、いちばんはじめにこの国をつくった男の話が伝えられると同時に、たいていその男の母親の話が書いてあります。母と息子のつながりというのは大事なのです。不思議ですが、男が中心にいるようでも、後ろには母がいるという考え方でした。

男性中心へ

そこからもっと男性中心に変わっていきます。母というものも否定して、もっと男性中心に変わるのですが、この男性中心ということがすごく鮮明になるのはキリスト教によってだと思います。キリスト教の場合は、神も「父なる神」という考え方をしています。

『聖書』を読むと、人間ができるとき、先にアダムがつくられ、アダムの骨を取ってイブが出てくる。そんな馬鹿なと思うけれど、わざわざそう書いてあります。だれが考えたのか知りませんが、女は子どもを生んで威張っているけれど、そういうことで母親は威張ってはいけない。もともとは男の骨から出てきたのではないかと言いたいので、そうした神話がつくられたのではないかと、私は思っています。

だから、神話が成立するときに、母親中心、女性中心から、男性中心の神話に変わります。それが典型的にあらわれるのがキリスト教です。そして、キリスト教の文化・文明がすごく強くなります。ヨーロッパのキリスト教文化圏において自然科学と技術が発展し、そういうヨーロッパの科学技術がアメリカの技術と一緒になって、いま世界中を席巻していると言ってもよいぐらいです。だから、特に欧米の歴史を見ると、男性中心という感じがすごく強くします。

ヨーロッパやアメリカへ行くとレディー・ファーストだと誤解する人がいますが、あれは本来強いのは男だという考え方が一般的で、強い男が弱い女を大事にしようという考え方のあらわれなのです。それがあまりに強いので、逆に男女平等をすごく主張する女性たちが出てきたのです。

可能性に男女差はない

確かにいま、男女に昔から言われているほどの差はないと思います。人間は生まれたときから相当な可能性をもっているけれど、その可能性のなかのある一部分を生きて、そして死んでいくというように考えればよいと思うのです。私にしても、本当はいろんなことができたかもしれません。しかし、そのなかで、カウンセリングをするという道を選んできたのです。

「カウンセリングなんかしないでプロ野球の選手になったほうが儲かったでしょう」と言われても、私がプロ野球の選手にはなれない。人にはいかに可能性があると言っても、私のこの体でいくら頑張ってもそれはだめです。だから、人がもっている可能性はすごくても、何もかもできるわけではありません。けれども、みんなが思っている以上に、可能性はあると私は思います。

私は男に生まれていますが、可能性という点では、普通一般に男がすることだと思われているようなこともできるし、女がすると思われているようなこともできる。両方の可能性をもっています。女性も同じように、男の可能性と女の可能性の両方をもっている。このように可能性としてはいっぱいもっているのですが、社会との接点で自分というものをつくっていかなければなりません。ですから、そこでどのぐらい可能性を生かせるかということなのです。

みなさんのなかにもおられると思いますが、自分は女として生まれているけれど、自分の可能性のなかで、一般にいわゆる男がすると言われているようなことのほうが自分はよくできる、といったことがあると思います。ですが、その人がそれをやろうとしても、社会から「あなたは女だから、女らしくしなさい」と言われると、やりたくてもできない。むしろ可能性を押さえて、なんとかして女性の「らしさ」を出さなくてはならないと思うでしょう。あるいは、男の人でも、いまの世の中でいわゆる女性的と言われているほうの力がすごくあっても、社会は「男らしさ」を期待しますから、自分のそうした力を出せずに困っている人がいます。

それでも、いまは昔よりずいぶんよくなりました。いまから三、四〇年前、われわれが子どもの頃を考えてみますと、たとえば男の人が「バレエのダンサーになる」と言ったりすると、どれだけ馬鹿にされたかわかりません。あるいは、女性も、五〇年ほど前は、「私は弁護士になります」と言うだけで、「そんなの無理よ」と言われたものです。いまでは、女性の弁護士さんはたくさんおられます。あるいは、女性が「工学部に入りたい」と言っても、昔は「女には向かないよ」と言われましたが、女の人で工学部に入って活躍している人はいまはたくさん出てきています。要は、社会の期待というものと自分の可能性の接点をどう見つけるかということになるのです。

可能性として言えば、男女ともに相当あるのではないかと、私は思っています。けれども、まったく同じということはあり得ない。体の構造が違いますから。そもそもわれわれ人間の心というのは体とすごく関係しています。男女では体が違うわけですから、心もまったく同じとは言えないのです。

女性からの新たな動き

そういうことがあるので、まずアメリカで「ウーマンリブ」と呼ばれる人たちが、「女だからと言って押さえつけないでほしい。私たちは弁護士にもなれるし、工学部でも理学部でも、どんな分野に行っても何だってできますよ」と言いました。実際、軍人になっている人もいます。

そういうふうに、ものすごく頑張ってやってきたのです。ところがそのうちに、いろいろできても、どうも何か物足りない、不安だ、心が残るところがある、と思うようになりました。

もう一度言いますと、弁護士や軍人になるということでは、女性でもほとんど男性と同等にできます。けれども、それだけでは何かもの足りない、どうも自分は本当に生きているという感じがしない、ということに気づきはじめたのです。

そういう人たちはみんな成功している人たちです。非常に成功して、社会の中で男性にまったく負けずにやっていますし、収入も多い。けれども、何か物足りない。つまり、自分のいちばん根底にある「女として生まれてきたこと」を、自分は本当に生きているだろうか、ということに疑問を感じはじめる人たちが出てきたのです。

そういう人たちの書いた本がありますので、関心のある人は読んでほしいと思います。少し難しくて読みづらいかもしれませんが、一つは、ユング派の女性分析家ペレーラが書いた、『神話にみる女性のイニシエーション』（創元社）、もう一つは、これもユング派の分析家ウォールズ・コルベットの『聖娼』（日本評論社）という本です。

どちらの人も、社会の第一線で活躍する女性分析家として男性に負けずに仕事をしています。しかし、二人ともそういう仕事をしながらも、いちばん深いところで「私は女だ」という体験を忘れていたのでは何か地に足がついていないようで、本当に生きている気がしないと思うようになったのです。

『神話にみる女性のイニシエーション』も『聖娼』も、どちらも大昔のギリシア以前のバビロニア時代の神話をもとにして書かれています。なぜなら、その頃、そこは本当に女性の国だったので女性がすごく強かったし、女性が大地にどっしりと腰を落ちつけて生きていたからです。その素晴らしさが書かれています。

揺るがぬ母のイメージ

難しいのは、自分がそういう母というものになって、でんと構えてしまうことを怖いと思うのではないかということです。先ほども言いましたが、母はすごく強いものです。「母」と言うだけで共通のイメージが湧きます。あまりにも共通すぎるイメージです。とても安定してでんとしていて、いつ飛んでいってもちゃんと抱きとめてくれて、ちょっとやそっとでは揺るがないという感じです。

いまから四、五年前まではよく言われたことですが、小学校でお母さんの絵を描いてもらうとだいたいすごく似ているのです。なんとなく優しくて、何でもしてくれて、料理をつくってくれて、とお母さんのイメージは固定しています。お父さんの絵はすごく変化があって、いろいろおもしろいのが出てきます。この頃は変わってきたと思いますが。

今日はここに女性の方がたくさんおられるからわかると思いますが、母親になると、自分というものがどこかに行ってしまうのではないかと思うことがあります。「○○○○」という名前の人ではなくて、「お母さん」という人になってしまう。実際、PTAなどでお互いに名前を呼ぶときでも、「○○さん」という個人ではなくて、「△△君のお母ちゃん」とか、「□□さんのお母さん」という言い方をしています。お母さんは強いのですが、そのかわり自分の個性までのみこまれてしまうような気がする。

そうすると、自分の個性を生きたいと思う人は、お母さんにだけはならないでいようと思う。うっかりお母さんなんかになったら大変なことになる。「母」ということを言われると、むしろ腹が立ってくる。男は女をうまくお母さんという位置に追い込んで、「何でもやってください。お願いします。感謝しています」とか言って、外で身勝手なことをしている。うっかり母などになってしまっては、自分の個性がまるでなくなってしまうのではないか、そのように感じる人も多くいます。

本来の自分のあり方を求めて

実際、アメリカに行って思いますのは、ばりばり仕事をしようと思うと、女の人でも母性ということから切れてしまうんですね。あるいは、自分で切ってしまう。ところが、そうしているうちに、やっぱり何かもの足りなくなる。母性をどこかにもってこなくてはならなくなります。母性を自分の中にもっていながら、しかも個性的に生きようとするのはすごく難しいことです。けれども、これからの女性はその両方をもつべきではないか。そういうことを、先ほどご紹介した本では非常にうまく書いています。女性も好きなことをどんどんやって個性的に生きていいのだけれど、だからと言って、母性を否定してしまったのではおもしろくないのではないかと書いてあるのです。私はそれを読んで、なるほどなあと思いました。

大事なことは、男と女は能力としては差がなくていろいろなことができるけれども、女性にとっての本来のあり方ということを考える場合、母性というものは一つの大事な要素だということです。

男性の場合も、いわゆる男性的なものと女性的なものとの両方をもっています。けれども、いままでの社会が割合男性中心でしたから、男性的なもののほうだけでやっていても満足できますので、せっかくもっている自分の女性的な可能性を捨てて生きている人が多いと思います。しかし、男性がもっと個性豊かに自分を生きようと思うと、自分の中にもっている女性的なもの――

男の人でも母性的なものがありますから、そういうものを生きると豊かになるのではないかと思います。

近代学問の発展と人間

近代には、いろいろな学問が起こりました。そのなかで、カウンセリングはいちばん最後に起こったと言ってもよいのではないかと思います。近代ヨーロッパの最初にすごい勢いで発達したのは物理学で、ニュートンやガリレイによって発展します。さらに化学も進歩しました。いろいろな学問がどんどん出てきますが、心理学が大学の中にあらわれるのは遅いのです。なかでもカウンセリングは、遅いだけではなくて最後になります。だから、私がカウンセリングをやっていると、「そんなもの、男子一生の仕事じゃない」と言う先生がおられたのです。当時はそんなものをしたって仕方がないのだという考え方が強かったんですね。

なぜ強かったのかと言いますと、物理学や生物学は、とにかくわかりやすいわけです。たとえば物理学では、外界に起こっている現象を人間が観察するというときに、そういう現象と研究をする人とがはっきり切れていて、関係がないということです。「客観的に観察する」という方法で、いろいろな研究がされました。そして、こういう方法でやることによって、物理学は急速に発展して、すごい体系をつくり、そこからさまざまなことがわかってきたのです。科学技術もどんどん進歩し、いろいろなことができるようになりました。科学技術の進歩発展は、人間とは関係がない現象を研究することによってもたらされたとも言えます。

その技術を、いまわれわれは実際に使っています。たとえば、テレビにしても遠いところからボタンを押すだけでパッと画面が映る。しかも押すボタンによっていろいろなチャンネルが映る。それは、ボタンを押す人間とは関係がないことです。ボタンを押すときに、にこっとして押したら可愛らしいのが出てくるとか、そんなことは全然ありません。男性がボタンを押したらプロレスが映って、女性が押したらドラマが映るなどということは絶対なくて、だれが押しても結果は同じです。つまり、押している人間とは関係なく同じように出てくる。これがいまの科学技術のすごいところです。

これに対して、技術と言っても違う技術もあります。たとえば「カンナで木を削る」という技術です。これは、同じ技術でも個人の力がものすごく関係します。だから人によって仕上がりに違いが生じます。ところが、いまの技術の多くは、そういう個人の力が不要なのです。指示されたとおりにやらないといけませんが、指示どおりにやれば同じものがどんどん出来上がっていく。そのようにやると学問が進み、科学技術が進むのです。

関係をもつことの大切さ

ところが、カウンセリングはこういうものではなくて、人と関係があります。カウンセラーとクライエントの関係は、カウンセラーが物理学者のようなことをやっていては成り立ちません。クライエントが来て、「私の父親が昨日亡くなりました」と言うのに、「あ、そうですか。何時何分でしたか。もう少し詳しく教えてください」とか、「悲しい」と言うのに、「あ、そう、悲しいのですか」などと言っていたら、クライエントは何も言う気がしなくなります。関係がつながらず、切れているからです。クライエントがやって来てカウンセラーに対したとき、「ああ、この人とはつながっている」と思えるときに、はじめて話をする気が起こるのです。

日常でもそういうことがあります。自分が何か言おうとしているのに、相手がその気になって聴いてくれないときは、こちらも言う気が起こらないものです。「昨日、こんなことがあったんよ」と言っているのに、気がなさそうに「あ、そう」とか言われると、もうやめたと思いますね。「うちのお母ちゃんがこんなこと言うの」と言ったときに、「それはいかんね」と言ってくれるからもっと言う気が起こるんです。しかし、何を言っても、「ふん、ふん」としか言われなければ話が切れてしまいます。だから、物理学を研究するのと違って、われわれの仕事では、カウンセラーとクライエントの「関係」がものすごく大事になってくるのです。

これはよく起こることですが、関係がぴったりとくっつきすぎると失敗するときがあります。夫婦のカウンセリングの場合によくあるのですが、女性が来て、自分の主人はどれほど悪い人間かということを延々と話します。それを聴いているうちに、こちらもだんだんその人と同じような気持ちになっていきます。本当に悪いやつだという気になって、「そんなの、ほうり出したらいいじゃないか」と言いたくなります。そして二人で、「こんな悪い男が世の中にいるだろうか」ということになって、解決がおかしくなる。あまり同調してしまうと、かえって失敗することがあるのです。

ゆっくり話をしたら、本当はもう一度よりを戻せたかもわからないのに、カウンセラーとクライエントの二人が燃えあがって熱くなりすぎてしまったために、実際の解決が見えなくなってしまうことがある。人間というのは感情もあるし、理性もあるし、いろいろあるから人間なんですが、気持ちが動きすぎると失敗につながってしまうのが難しいところです。

スクールカウンセラーの人も、ときどき同じような失敗をすることがありますね。スクールカウンセラーとして学校に行くと、生徒がやって来て、「うちの担任みたいな、あんな悪いやつおらへん」と言うので、「そうか」と聴いているうちに、「あの担任の馬鹿やろうが」とカウンセラーまでが思うようになってしまう。本当にそう思うと、職員室へ行ったときにその先生がいると、じろっと睨みたくなります。すると、その先生のほうも、「なんか変なやつやな」と思って、お互いにだんだん腹が立ってくる。これは失敗です。子どもに感情的にくっつきすぎていると、こういうことが起こります。

心を考える「新しい学問」

そうは言っても、客観的にならなければいけないというので感情的にくっつかないようにすると、絶対にうまくいきません。子どもが、「うちの担任の先生はだめだ」と言うとき、「君はだめだと思っているけど、実際はどうでしょうか」などと言っていると、その子は絶対ものを言わなくなると思います。

大学でカウンセリングをやっていると、「カウンセリングのようないいかげんなことをして」とか、あるいは「カウンセラー」と言うだけでなんとなく胡散臭くてあやしい、変なことをやっている人間、という見方をする人がいます。自然科学の研究をしている人は、現象と妙に関係してしまうと結果がおかしくなるので、「客観的にしっかり見よう」という考え方が強く、感情的に巻きこまれることを警戒するからです。

この頃はカウンセリングに対する見方もずいぶん変わってきましたので、最近カウンセリングを始めた人はそういう体験をしていないかもしれませんが、私が始めた頃は、「カウンセリングなどというのは学問ではない」ということをよく言われました。私は「学問じゃなくても、男子一生の仕事じゃなくても、やりたいからやっているんだ」と思ってやってきたのですが、本当は、「これは新しい学問だ」と思っているのです。人間の心を研究しようとするかぎり、このような方法をとらざるを得ないのです。

安心を与える母性的イメージ

クライエントが来て、その人を引き受けるというとき、いちばんイメージしやすい感じはどういうものかと言うと、やはり「お母さん」のイメージです。お母さんというのが恐ろしいくらいあらゆるところに出てくる、と言っていいほどです。お母さんは何でも引き受けてくれます。「こんにちは、どうぞ」と言うだけで、「この人に話をしよう」とか、「この人だったら大丈夫」とか、「この人の前だったら泣いたって大丈夫」という感じがあることが大事なのです。こういう感じは男性と女性とではどうしても女性のほうが上手だから、やっぱりカウンセラーは女性がやるほうがよいと思う人が多いと思います。

また、どちらかと言うと女性のほうが、そういう困っている人、悩んでいる人、辛い目にあっている人をなんとか助けたいという気持ちがあるので、カウンセリングをやってみようと思う人も多い。そういうことで、カウンセリングと女性、あるいは母性とがすぐ結びつきます。ですが、そこからいろいろと難しいことが出てくるわけです。

それよりもいま私が話したように、来られた人がここへ来ると何かほっとする、ここではどんな話をしても大丈夫、という感じがもてるということがやはり大切です。私は男ですが女性的なところや母性的なところをもっています。そして、来られた人にそういう母性的な面をもって会うのです。

実際、幼稚園ぐらいの子どもと遊戯療法で一緒に遊んでいるときに、私に「おかあちゃん」と言って抱きついてきた子がいます。こちらも母性的な気持ちで接しているのですが、子どももすっかりそういう気になっている。私は男性ですが、その子が「おかあちゃん」と言いたくなるような感じというのは大事だと思います。

最近あるスクールカウンセラーの人が言っていましたが、大変難しい小学校一年生の男の子が、カウンセリングルームに入ってくるときに、「ただいま」と言って入ってくるそうです。私はそれを聞いて、何とも言えない気持ちになりました。カウンセリングルームに先生に会いにいくというのではなく、「ただいま」と言って入ってくる。そしていろいろ話したり一緒に遊んだりして、出ていくときには「行ってきます」と言って出ていく。そこがその子にとってのホームなのです。だから、カウンセラーは男性でも、そういう母性的なものを身につけていないといけないということになってきます。

抱きながら分離を促す

この人はお母さんのように本当に自分を受け入れてくれる、そういうところがあるというだけでよくなっていく人もたくさんいます。ところが難しいのは、それだけではどうにもならないというところです。

いま「母性」ということを言っていますが、母性はそういうよい面ばかりではありません。母性には、一体になってしまうと、次にはそこから分離できなくなってしまうという困ったところもあります。

人間とはおもしろいもので、一つになって「わかった」という感じと、「やっぱりあなたと私は違う。私は一人の人間として生きていきます」というように、分離するところとの両方が必要なのです。そして分離するときには、きっぱりと別れるとか、はっきり線を引くとか、そういうことが必要になります。これはカウンセリングをやっているとよくわかります。

いろいろな例がありますが、極端な場合、大人でも治療者をお母さんのように思うと抱きついてきてしまう。そうすると、治療者のほうもその気持ちがわかるので抱いてしまう。はじめはお母さんとして抱いていたのに、知らぬ間に男女の関係になってしまうということさえあります。そうなると、二人は別れられなくなる。

一つになるのはいいけれど、一つになって沈んでしまってはいけないのです。抱かれながら立ち上がって別れていかないといけない。この別れる厳しさ、立ち上がる厳しさをカウンセラーはもっていないと、ずるずるっと深みへ一緒に沈みこんでしまうことも起こります。実際、そういう例は少なくありません。

忘れてはいけない厳しさ

たとえば中学生ぐらいの子で、はじめはいやいや来る感じだったのに、女性のカウンセラーに会うのがうれしいと思うようになる。やって来ていろいろしゃべったりしているうちに、だんだん元気になってきて、それまではいろいろ悪いことをしていたのに、だんだん態度もよくなって、学校のほうもカウンセラーもみな喜びます。ところが、まさにそのときに、劇的に悪いことをする子がいます。

カウンセラーとしては、「しまった、裏切られた」と思ったり、「こんちくしょう」と言いたくなる。やることが劇的なんですね。ずいぶんよくなったから、その子に一度みんなの前で話をさせよう、いいところをみんなに見せようと思っている矢先に、壇上でむちゃくちゃなことをしゃべるとか、その前日に器物を壊すとかをやります。要するに、みんなが喜んでいるときに、それをぶち壊すようなすごい裏切りをするわけです。カウンセラーの人で、そういう経験をした人はかなりいると思います。自分は一度も裏切られたことがないと言う人は、あまり熱心に関わっていない人だと言ってもいいほどです。私もそういう体験をもっています。

そういうときにはっと気づくのは、「くっつきすぎていた」ということです。べたべたとくっつきすぎると、人間は別れようとするときに、「もう裏切りしかない」ということがあります。「裏切らずにちゃんと別れていけばよいではないか」と言うのは、そうした関係について知らない人の言うことです。「お世話になりました。私はわが道を行きますから」と言ってくれたらいちばんよいのですが、べたべたくっつきすぎていると、そんなことを言えないのです。

母と子どもの間でもそういうことが起こります。いままでよい子だと思っていたのに、お母さんにひどく悪いことをして、どうしてなのかと腹がたつ。けれども、あとからよく考えてみると、そこからしっかりやるようになった。あそこであの子は変わった。そういうようなところがあると思います。あまりべたべたくっつくと、人間というのは本当に悲しいもので、自立するためには裏切りというかたちをとらざるを得ないのです。

そのときにそのことがわかる関係であればよいのですが、わからなかったらカウンセラーは怒ってしまうし、思い切ったことをやったクライエントもぐれてしまい、周りも見棄ててしまうというようなことが起こります。

せっかくうまくいっていたのが、一転して悪くなってしまう。それはなぜかと言うと、一体になることを重視しすぎて、どんなに素晴らしい関係であったとしても、結局は別れねばならないという人間の悲しさ、厳しさをカウンセラーが忘れてしまっているからです。

母性と父性

カウンセラーには母性と父性の両方がないといけません。これらは、もともと男女ともにもっているものですから、違う名前をつけてもよいと思うのですが、いままでの言い方で言うと母性と父性です。女の人は、自分の父性というものを相当磨いていかなければならないし、男の人も自分の母性というものを磨いていかなければならない。

男性でもカウンセラーになりたがる人は母性的な人が多いと言えます。逆の言い方をすると、男性でありながら父性が身についていない人が多いとも言えます。男の人でも、「カウンセラー」と言うとなんとなく線が細くて弱い感じがしたりするのですが、そうではなくて、男女ともに、「ここはだめ」とか、「これはできない」とか、「ここで別れる」という厳しい判断をし、しかもそれを実行することができないといけない。

人によってある程度得意なことがあります。女の人でもスパッと切るのが上手な人がいます。逆に、男の人でも受け入れるのが上手な人がいます。自分の上手なほうがまず前面に出てきますが、そのあとで、不得意なことを自分で訓練していく必要があります。「またやってしまった」とか、「私はついついこっち側をやってしまう」というようなことではだめで、自分をいろいろコントロールできなくてはいけないのです。

私は男性ですが、はじめからカウンセリングをやろうとした人間ですから、母性的なものが強かったのではないかと思います。けれども、この頃は切ったり張ったりするのがずいぶん上手になったように思います。

自分の姿勢を貫く

ところで、カウンセラーは「いいよ」「大丈夫よ」と受け入れてくれてはいるのだけれど、姿勢が厳しいというのはクライエントも感じます。「厳しい」というのは、「しっかりやれ」というようなこととは違います。自分を受け入れてくれているけれど、この人は甘く生きてはいない、背筋を伸ばして生きている人だというのを、クライエントは感じます。ところが、こちらの背筋がしゃんとしていないと、クライエントもそれを感じて、一緒に落ちてしまうことにもなるわけです。

「自分の姿勢を貫く」――これは、言うのは簡単ですが、実行するのはなかなか大変です。「できることはできるが、できないことはできない」ということを明確にする。その筋がどれだけしっかり通っているかが非常に大切なことです。繰り返しになりますが、カウンセラーは母性と父性の両方をもつことができるように自分を訓練していくことが大事です。これは女性であっても男性であっても、努力すれば必ずできることです。

たとえば、幼稚園における保母さんと子どもとの関係でも、両方が要求されます。保母さんが子どもをまったく切り離してはだめですし、子どもと一体になってしまってもだめだということです。考えてみると、医者と患者もそうで、これもすごく微妙な関係です。

医者と患者の場合、難しいのは、関係が切れていないとだめだというところです。私は兄弟に医者が多いのでよく聞きますが、「自分の子どもは診られない」と言います。自分の子どもを診ると、すごく軽い病気でも重い病気だと考えてしまうそうです。自分の子どもだから、「大丈夫」と言いたくなるのですが、心配になりだすと、どこにもないような病名を思いついてしまう。要するに客観的に見られないのです。少し難しい病気になると、自分は診ずにほかの医者に診てもらうそうです。自分の子どもの手術をするなど、言わずもがなです。

そういう意味では、関係が切れていないといけないのですが、まったく切れてしまっては務まりません。医者に行くときはみな、医者もこちらのことを考えてくれていると思うからうまくいくわけで、医者と患者との関係はすごく微妙です。この頃は、この「関係」をどう考えるかということが非常に問題になってきています。われわれカウンセラーもそうです。完全に一つではないから、一定程度離れて見ているときと、しっかり繋がっているときのあり方が大切なのです。

医学においても見直される人間関係

このような人間関係が土台になるような学問が、この頃だんだん重視されるようになってきました。これまではそういうものは学問ではないと思われてきました。なぜかと言うと、うまく言えないからです。医者が医学の研究をする場合は、関係を断ち切ったところから独自に観察するものばかりでした。

ところが、医者も人間関係ということを考えねばならない、ということになってきたようです。それで、私はこの頃、医学関係の学会に呼ばれてお話をさせてもらうことがすごく増えました。昨日は心身症の学会で話をしましたし、一昨日はアレルギーの学会で話をしました。心身症やアレルギーは、結局、医者と患者の関係が大事になってくるのです。それから、驚いたことに、糖尿病の学会からもよく呼ばれるようになりました。

糖尿病の場合は、それこそ医者が客観的に調べると病状が数値ではっきりわかります。すると、患者がやってよいことと、いけないことがわかるわけです。「糖をあまり摂らないように」とか、「お酒を飲まないように」とか、「朝、何分ぐらい歩きなさい」とか。そのとおりにやればよくなるのです。患者は「ありがとうございました。わかりました」と言いますが、医者の言うとおりにする人はほとんどいないそうです。

次にやって来たときに数値を見て、「おかしいですね。あんまりよくなっていませんね。散歩は?」と聞くと、「やろうと思ってるんですが……」とやっていない。「酒は?」「やめようと思ってるんですが……」とやっぱり飲んでいます。それで、医者も看護師もだんだんわかってきたのは、人間はいくらよいとわかっていることでも、よほどのことがない限りやらないということです。そうすると、患者に正しいことをしてもらおうと思うと、医者と患者との関係がどうあるべきかということを研究しなければならない、ということがわかってきたわけです。そこで、そちらの専門家である私に話を聴こうということになったようです。

いままでこういうことは学問の世界からは排除されていたのですが、だんだんと受け入れられつつあります。そして、そういうことを考えるとき、関係をつくりながらやっていくというのは、やはり女性のほうが得意なのではないかと思います。ただし、大事なことは、関係をつくりながら、一方では客観的に見るということです。べたべたとした関係に入ってしまうと、失敗します。そうかと言って、それを見ている目が厳しすぎると関係がなくなってしまう。非常に矛盾した難しさがあります。突き放して見ているようだけれど、どこかでちゃんと関係がある。カウンセラーはこれができないといけないのです。

知識や仕組みの体系化

近代になって自然科学の研究が進み、科学技術の進歩によって本当にいろいろなことができるようになりました。実際、人間は考えられないほどいろいろなことをやるようになりました。月に行ったり、生命科学も発達し、核融合のエネルギーなどは大変なものです。マイナスに使うと恐ろしいのですが、上手に使えば相当なエネルギーとして使える。そのように、どんどんいろいろなことができるようになりました。すると次には、それらについて知識体系をきちんとつくっていかなければならない、ということが起こってきます。こうして、学校でみなが数学、物理、化学と習っていくようになったわけです。

それと同じように、国も大きくなってきます。昔は「薩摩の国」「播磨の国」とかで済んでいたのが、「日本」という国全体になり、さらには日本だけではなくて、アジアの連合を考えるとか、あるいは世界を考えるとか、だんだん単位が大きくなっていきます。これらをきちんと考えて、いったいだれが長になるのか、だれがそれをやるのかという体系をつくっていかなくてはならない。

また、実際そういうことで、おもしろいことができるのです。日本人もいま外国にどんどん出て行って、国連の中にも入っていったりして活躍している人がたくさんいます。そうすると、ある一人の人の力によって国と国との関係がどうなるとか、何人の人が助かるとか助からないとかいうことも出てくるわけです。

忘れられる「一人の人間」

そのように大きなことができるようになってきますと、あまりにすごいので「一人の人間」について考えるということが忘れられてしまいます。非常に身近な例を挙げてみます。われわれがよく遭遇することです。

たとえばある中学校の先生ですが、教師になってから就職や進学の指導を一生懸命やってきた。

こういう子はあそこに入れて、この子はここにして、ちょっと力不足な子でもこういう訓練をしたらあそこに行けた、自分はどこそこに顔がきくからあそこには何人入れた、というようにいろいろと体系的に考えて進路指導をやってきました。そして、中学生の進路指導にかけては、あの先生にやってもらったら、だいたいうまくいくと言われている。そんな、県内でも進路指導で有名な先生が私のところに相談に来られました。何と言われたかと言いますと、「うちの子の進路指導だけが、うまくできません」と訴えて来られたのです。つまり、体系的にはできるのですが、具体的な一人の人間は、どうにも思いどおりにならないと言われるのです。そういうところがあるものです。

老人介護のボランティアにどんどん出かけていっているけれど、自分の家の老人はほったらかしている、という人もおられます。なぜかと言うと、よその老人の介護に行くときには、介護マニュアルのとおりに世話をしてあげたら、「ありがとう」と言われます。ところが、自分の家のおじいちゃんは、マニュアルどおりやっても喜ばない。なぜなのか。やはり生きている素のままの人間は、なかなか難しいということです。

非常におもしろい言い方をしますと、われわれは普通、生きている人間よりも、もう少し扱いやすい人間と接しているのです。みなさんも人と話をしているとき、よそゆきの声を出しているときがあると思います。お互いによそゆきの声で、「おじいちゃん、元気？　よかったねえ」「ありがとうございました」とやっている。ところが、自分の家のおじいちゃんとではそうはいきません。生きている人間と生きている人間が会うというのは、世界と世界がぶつかるほど大変なことなのです。

いまの時代は、「一人の人間」をほうっておいて、うまく体系化するということを上手にやっているのです。おかげで、われわれは気軽にあっちへ行ったりこっちへ行ったりすることができる。一人の人間として切符を買い、一人の人間として電車に乗りとやっていたら、疲れ果てると思います。切符を買うために「どうか、お願いします」と言い、「まあ、あんたのことですから、売りましょうか」などとやっていたら、ふらふらになってしまいます。

要するに、物事をうまく体系化することで、一人の人間としてもっている力の千分の一、万分の一を使うだけで済むようになっているのです。昔は東京へ行って帰ろうと思うとそれこそ大仕事で、すごいエネルギーを使いました。それを、楽に行って帰れるようにした。ところが、あまりにそれをやりすぎて、「一人の人間が生きている」ということを、われわれはだんだんと忘れてしまったのです。

人間対人間として出会う

この、通常はあまり感じない、忘れられた「一人の人間」と出会うときは、本当に大変です。

私が大学の先生になって、講義をして、みんながそれを聴いてくれて、試験をして、そして「だめじゃないか」とか「君は偉いね」とか言いながら、さも偉い先生になったような気になってやっていられるのは、少ないエネルギーでやっていけるからです。

ときどきそうした一人と、人間対人間として出会うと大変です。たとえば学生が一人の人間としてやって来て、「先生はこういうふうに言っておられるけれど、ぼくはこう思うんです」とか、「ぼくの人生では……」とか言いだしたとき、本気で相手をしようとしたらやはり大変なのです。

かつて学生たちがいわゆる「暴れた」と言われたときは、そういうときでした。学生たちは何をやりたかったのかと言うと、「先生たちは本当に生きているんですか」と言いたかったのではないか、「学者という仮面をかぶっていないで、生きている一人の人間として何を思っているのですか」と聞きたかったのではないかと思います。

家庭では子どもたちが、うちのお父ちゃんは本当に一人の人間として生きているのだろうかとか、うちのお母ちゃんは本当に一人の人間として生きているのだろうかと思っているのです。なぜかと言うと、お父さんは働いていますが、お金を出しているだけで済ませていて、あとはプロ野球を見るぐらいです。お父さんは何をやっているんだろうと子どもは思うわけです。

それで、ちょっと言ってやろうと思って、「お父ちゃん、釣り竿買って」と言います。すると、「釣り竿？　二万円？　ちょっと高いけど、まあ買おうか」と、お金はあるのですぐに買ってしまいます。子どもはお父さんに釣り竿を買ってもらったけれど、いちばんしてほしいことをしてもらっていません。

「釣り竿を買って」と言われたときに、「え、釣り竿？　おまえ、何を釣るんや？」とか、「お父さんが小さいときは、釣り竿なんか自分でつくったもんや」というような話になると、これは人間が生きている。だけど、「買ってこい」と言うだけで、お父さんはそのままテレビを見ているとなると、子どもはお父さんは何のために人生を生きているのか、お父さんは自分の本当の父親なのかわからないようになってきます。

すると、やっぱり頭の一発でも殴らないことには、父親だと思わないのではないかと思える。しかし、こういうのは暴力だと言われる。せっかく親子として一緒に生きていながら繋がらない、一人の人間が生きていることをお父さんはどう思っているのか、ということになります。

本当はみな、こういうことを考えたくないのです。こういうことを考えはじめると、情の世界になっていきます。そして、これを熱心にやりすぎると、出世しそこないます。会社に入って、自分の部下の一人のことを一生懸命考えてそれに関わりすぎると、上の人の目から見ると「あいつは仕事をしてない」ということになるかもしれません。だから、なるべくそういう関わりは捨ててかかろうと思うのです。

男の仕事、女の仕事

そういうときに体系化して手際よくやっていくのは男の仕事だ、と思っている人が多いですが、本当は、そんなことは女の人もいくらでもできます。けれども、一時はみなそのように思っていました。ですから、「一人の人間」のことをやるのは女の仕事だと思う人が多かったのです。

私は、今日はここに来てお話ししていますが、講演をお断りすることがすごく多いんです。すると、「先生、もっと講演をしてください」と言われます。「講演ばかりしていたら、クライエントに会う時間がなくなりますので」と言うと、「先生は、もうそんなカウンセリングなんかやめてください」と言われる。たった一人の人に何年も会って、よくなっているのかどうかもわからない。それなら、講演で何百人もの人に話をしたほうがいい。みんなが感激してよくなられるから、一人の人に会うのはもうやめて、どんどん講演されたらどうですか、と言われる。だけど、「たくさんの人に話をする人はたくさんおられますけれど、一人の人に会う人はまだまだ少ないんです。だから私は一人の人に会うほうが大事だと思っています」とよく言います。

一人の人に会うのとたくさんの人に会うのとどちらがしんどいかと言うと、一人の人に会うほうがはるかにエネルギーを使ってしんどい。本当にそうなんです。ここで二時間話しているより、一人の人に一時間必死になって会っているほうが、どれほどしんどいかわからない。ここでは私は好き勝手なことをしゃべっていい気になっていますが、クライエントとはそうはいきません。

いい気になれませんし、だいたい聴く話からして、しんどい話が多い。「先生に会うようになってからずいぶん悪くなりました」と言われたりもします。それをじっと聴いていなければならない。けれども、それをするのが、「一人の人間に会う」ということなのです。

いままでのイメージとしては、ばりばり仕事をするのが男で、一人の人間に関わっているのは女だというような言い方がされてきました。また実際に、男性でこちらの仕事をやろうという人は少なかった。もっと問題なのは、一人の人間のことを考えだすと、人間の心という非常につかまえどころのないものを考えねばならなくなる。人間の心というのは数字であらわすのもなかなか難しいし、本当につかまえどころがないものです。

先ほどクライエントとカウンセラーの関係が大事だと言いましたが、その関係の度合いは二〇パーセントだとか、八三パーセントだとか数字化できません。また明確に言うこともできない。何か曖昧で、しかしものすごく大事なその世界に入っていくのは、男性よりも女性のほうが得意ではないかと考えられていましたし、ある程度そういうところはあると私も思います。しかし、もっと一般論で言うと、男性のもっている女性的なファンクションと言ってもいいし、女性のもっている女性的なファンクションと言ってもよいのですが、それによって、一人の人、そして一人の人の心を考えるということです。

一般に社会では、一人ひとりの人間の気持ちや感情というものはなるべく抜きにして、全体的な体系を立て、能率や効率を重視してやっています。それに反して、能率や効率をあまり考えず、一人の人に会い、一人の人の心の中を見ていくということに、男性よりも女性のほうが関心をもちやすい。そういう言い方ができると思います。実際に、優秀なカウンセラーや臨床心理学者には女性が多いという気もします。世界の学者を見てもそういう傾向があります。

また、クライエントにしても、何か変なことがあるからとか、困っているから相談に来るとは限らないのです。ある意味で、生きていくことについて問題意識をもったからやって来るのだ、という言い方もできると思います。

体系的なことのほうに気持ちが行っている人は、心の内界とか一人の人間がどうだとかいう問題意識があまり起こりません。だから、そういうことに問題意識をはっきりと明確に感じるのは、女性のほうが多いと言えるかもしれません。

自分の人生の意味を問うとき

そういう意味では、私がはじめに言ったように、成人のクライエントは女性が多いかもしれません。それから、いま言いましたように、悩みがあるからとか、この問題を解決したいからというようなことではなくて、自分の生きる道や人生の意味をもっと考えてみようということになると、やはり女性のほうが多いという気がします。

カウンセリングを受けに来られる人は本当にいろいろです。相談には来られるけれども、普通の意味で言うとそれほど困っているわけではない。普通の意味というのは、お金がないわけではない、社会的地位がないわけではない、家族がいないわけではない、ということです。しかし、そういう人は、「はたして自分がここに生きているということはどういうことなんだろう」「自分の人生の意味はどういうことなんだろう」と考えるようになって相談に来るのです。

そういう問題意識をもってカウンセリングを受けに来られる人が、前よりも増えているように思います。たとえば、最初は夫婦が喧嘩してうまくいかないとか、あるいは息子が学校へ行かないということで来るのだけれど、ちょっと話をしている間に、むしろ、その人の生き方がいちばん中核になっていることが多いように思います。

そういうことで言いますと、カウンセリングを受ける人は、どちらかと言えばやはり男性よりも女性のほうが多いように思います。男の場合は、社会の中でいろいろとやっていることでごまかされているというか、そんなことを考えている暇がないからです。しかし、これからは男性にも増えてくるかもしれません。

いまは長寿になりましたから、普通の社会的な仕事が終わってからまだずっと生き続けねばなりません。だから、これからは高齢者の方たちが自分の生き方をどう考えるかということが、いちばん大きな問題になるだろうと思います。この問題は、男女で言えばひょっとしたら男の人のほうが多いかもしれません。

年を取っていっても、女の人はちゃんと自分で生きていく強さをもっておられます。そういう人が多いです。女の人というのは、あたりをちょっと掃除するにしろ、何かをするにしろ、仕事がいろいろありますけれど、男の人でいわゆる偉くなった人が職を失うと、何の役にも立たない。本当は偉くないのですが、自分は偉いと思っていますから、「おい」と言えば周りが言うことをきく、どこかへ「行く」と言うと車が横付けにされて、何でも自分の思いどおりになると思っています。

本当は「自分」の思いどおりになっていたのではなくて、「役職」の思いどおりになっていただけです。そういう錯覚をしていて、仕事を辞めてから家で「おい」と言っても、だれも何もしてくれません。すると、いったい車はどうしたら呼べるのか、掃除はどうやるのかということを自分が全然知らないことに気づきます。そういう点に関しては、奥さんのほうがよほどよくわかっていて、「あなたは会社では部長だったけれど、最近は濡れ落ち葉になられたみたいね」などと言われてしまいます。そのときになって、自分の人生をどう生きるかということは、その人にとって非常に深刻な問題になってきます。そういうことがこれから増えてくるように思います。

「中年の危機」

いまはまだ、カウンセラーで高齢者の方に関わっている人は少ないのですが、この関わりはすごくいいことだと考えています。高齢者の方が人生をどう生きるかと悩むときに、だれかが会いに行って話を聴くなり、一緒に考えるなりするとずいぶん違うと思うのです。

日本ではそういうことはまだあまりできていないように思います。これが、家族の中だけでの対応だと、うるさがったり邪魔者扱いしたりがどうしても先に立ってしまいます。けれども、だれか違う人が入っていくことによって、ずいぶん違ってくるのではないかと思います。

この問題は実は、老年になる前、中年の頃から準備を始めなければいけないのです。昔は、「中年」とは言わず「壮年」と言いました。いちばん元気で働き盛りの時代で、その時期に活躍している人は何の問題もないと思われていました。ところがこの頃、「中年の危機」という言葉が出てきました。昔は「中年の危機」など、だれも考えもしませんでした。

「中年の危機」ということがなぜ言われるようになったのか。これにもやはり、女性の力が大いに働いています。壮年期の人は会社の中で活躍したり、あるいは大学での研究の中核を占めていたり、芸術家として脂がのっていたり、要するに傍からは成功して見える人たちです。そういう人たちに女性がインタビューに行ったのです。

男性がインタビューに行くと、「私はこれもやっている、あれもやっている。次はこれをやりたいんだ」という話になります。ところが女性が行って、「ずいぶんいろいろなことをやっておられて、感心しています」というようなことを言って褒めますと、「そう言われますけど、本当は大変なんですよ」という話が出てくる。相手が女性だというので、ぽろっと本音が出てくるんですね。

傍から見れば成功しているように見えるかもしれないけれど、本当は大変しんどい思いをしている、というような話をするようになる。たとえば、「会社では偉そうにしているけれども、家へ帰ったらまったくうまくいっていない」とか、「いまの状況をキープするために大変なエネルギーを使っているので、年をとったらどうなるかと思うと心配で仕方がない」とか、決して他人には見せたくない、聞かせたくないような話を、女性インタビュアーたちが聞き取ってきたのです。

中年がどんなに危機に満ちているかということを、アメリカではじめて公に書いた人は女性です。女性がインタビューに行って、そういうことがはじめてわかったのです。先ほど言ったように、女性が相手だとちょっとリラックスして、本当のことを言っても大丈夫という感じがあります。男同士が会うと、「負けないぞ」というのが前面に出てきてしまいますが、女性に対してはそうではない。ここがおもしろいですね。

女性的なものの果たす役割

こういう点でも女性の果たす役割はすごく大きくて意味があります。また女性は人生の意味ということをよく考えていますし、考えているからこそ、そうした話もできるわけです。すると、外で活動することだけが人間の生活ではない。人間には内面的な活動もある。また人間は外から見るとうまくいっているようでも、すべてがうまくいっているわけではない。人間として生きていくことは実に大変なことだ。そういうことが女性の側からの発言で出てきたのです。

こうしたことは、全部われわれがやっているカウンセリングと関係してくると思います。そういう意味で、カウンセリングをする人も受ける人も女性のほうが多い、という傾向が出てきたのではないかと思います。

しかし、はじめに言いましたように、だからどちらがどうだ、ということはありません。男性でも女性でも、言うならば根本的には両性具有で、両方の要素をもっていなければならないということになってくるのです。それを目指すときに、女性としてのあり方がはじめは有利にはたらく、と言っていいのではないかと思います。

時間が来たようですので、このあたりでやめることにします。どうもありがとうございました。

第2章　カウンセリングと芸術

今回は、カウンセリングを「芸術」との関わりで考えてみようと思います。

前にもお話をしたと思うのですが、心理療法をするというのは、生きておられる一人の人にお会いして、その人の人生に深く関わるわけですから、本当に大変な仕事です。世の中にはいろいろな仕事がありますが、心理療法ほどエネルギーがいる仕事というのは、ほかにないのではないかと思うぐらいです。

そのような意味でも、われわれは心理療法家として、人間が生きていることに関係するすべてのことに関心をもたねばならないし、そこから学ばなければならないと思っています。いろいろ学ぶなかで、自分の仕事との関連で非常に深いものを感じるのが「芸術」です。芸術の意味を広くとりますと、文学作品などみな入るのですが、今日は文学はおいておきます。

芸術には、音楽もあり、絵画、演劇、書道、映画と、実にいろいろなものがあって、私はどれもすごく好きですが、自分自身はどれか特定のことに秀でていて、芸術家になれる才能をもっているとは思っていません。

心理療法と関連が深いという意味で、芸術家の方々と接するのもいいのではないかと私は思います。有り難いことに、私は文化庁長官になりました（二〇〇七年一月に退官）ので、普通であればなかなかお会いできないような素晴らしい芸術家の方々と、役得でお話しする機会もずいぶん増えました。それは非常に喜んでいます。

芸術家の方と一対一で接して話をすると、大変おもしろいし、なるほどと思うことも多々あります。私は心理療法が専門ですから、自分の仕事との関連で、「ここは似ているな」とか、「こんなふうに考えられるな」とか、いつも考えながらお話をしているのですが、そういう方々とたびたびお会いして話ができるというのは、本当に有り難いことです。ですから、今日は思いつくままにカウンセリングと芸術についてお話をしたいと思います。

心理療法はマニュアルどおりにはいかない

心理療法は芸術と縁が薄い、あまり関係がないと思っている人もおられると思います。私が残念に思いますのは、そういう考え方のほうが、だんだん強くなってきているのではないかという気がすることです。

なぜかと言うと、この頃みな、「マニュアル」ということをすぐ言います。たとえば、スクールカウンセラーとして学校に行くことになると、「スクールカウンセラーとしてやっていくためのマニュアルはありますか」と言われる。ある程度はあります。それで、「マニュアルどおりにやればうまくいく」と思う人がいるようですが、まず、そういうことはないと私は思っています。「心理療法もマニュアルどおりやればうまくいくのではないか」と考える人は、たとえばクライエントが入ってくるときに、われわれはどんな服を着ていたほうがよいのか、ネクタイはしたほうがよいのかしないほうがよいのか、お辞儀するときには何度の角度でするのか、「どうぞ」と言うのか、「お座りください」と言うのか、右手を出すのか、左手を出すのか(笑)、と聞きます。

実際、そういうことをやたらと細かくマニュアルどおりにやろうとする人も出てくる。極端に言えば、相手が何か言ったときに「マニュアルにはどう答えると書いてあったかな」と考えるような人が出てくるわけです。

そこまで極端でなくても、「不登校の子が来たら、どんな方法で会うんですか?」「拒食の人が来たら、頑張って食べなさいと言うんですか? 食べなくてもいいよと言うんですか?」などと聞く人はけっこういます。

かつて、不登校の子が来たら、「学校へ行け」と言わないようにするのがいいというので、どんな子が来ても、「行け」と言わないという人がいました。しかし、そんな単純なことではないと、私は思います。やはり「行け」と言ったほうがいい人もいる。また、「行け」と言って一人が行ったから喜んで、次の人にも同じように言うと失敗する。なぜなら、人はみな一人ひとり違うからです。

氾濫するマニュアル

この頃、あまりにもマニュアルが氾濫し過ぎていると思いませんか。私があまりよい感じをもてないのは、お店に入っていくと、「いらっしゃいませ」と言ってくれるけれど、どこもみんな一斉に同じことを言うことです。「マニュアルどおり言うんやったら、みんなで言わんでええから、一人代表で言え」と言いたくなります。

マニュアルどおりということは、つまり、私とあなたの関係というのではないのです。個人と個人の関係ではなくて、店員とお客の関係になり過ぎているということです。

ただし、店員とお客の関係をくずすほうがよいというわけではありません。たとえば、車掌と乗客という場合に、車掌があまり馴れ馴れしくすると、いやになります。「切符を拝見いたします」と淡々と言ってくれるから、切符を出す気になるけれど、そばに来て、「切符、もってるぅ？」とか言われたら、ちょっとぞっとしますね（笑）。あまり個人的関係がないほうがいい場合があります。そういう場合は、少し離れているようなマニュアルがあるほうが、何かきちっとしてよい感じがします。

ところが、心理療法というのは個人と個人の関係の上に成り立つものです。クライエントが誰にも言っていない話や、普通だったら言わないようなことを、「本当は言いたくないんだけどな」と思いつつ言うのは、個人と個人の関係があるからです。そういうときに、マニュアルどおりの答えが返ってくると、腹が立つのではないかと思います。

でも、昔カウンセリングを始めた頃は、われわれもそれに近いことをやっていました。いま思うと笑い話のようですが、その頃は、何が何でも受容することが大事なのだと教わりました。ですから、クライエントが「学校へ行っていません」と言えば、「いつから行ってないのですか」とか、「ええっ」とか言うのはいけない。「学校へ行っておられないんですね」と、とにかく受容する。その人が、「先生は、私の言うとおり言ってるだけじゃないですか」と言われたら、「私の言うとおり言っているだけだ、と思うんですね」。「バカヤロー」と言ったら、「バカヤローとお思いですか」(笑)。実際、腹を立てて帰ったクライエントもいるぐらい、われわれもそういうことをやっていました。

おもしろいことに、それで治っていく人はどんどん治りました。どういうことかと言うと、マニュアルどおりやったからよかったのではなくて、馬鹿なことを言わなかったからよかったのです。

普通は学校へ行っていないと言われたら、「行ったらええやないの」とか、「何、やってるの」

とか言いたくなります。そういうふうに言って、みな失敗した。ところが、余計なことを言わずにただ聴いていると、その人が自分で考え、自分の力でよくなっていくので、型どおりのマニュアルどおりやっていても軽い人はどんどん治っていきました。私も不思議でした。

ところが、それをやっても全然治らない人がいます。それで、これではだめだ、こんなふうに言われたとおり、マニュアルどおりやっているだけではだめで、やはり人間と人間が会うことを大事にしないといけないのだと思うようになったのです。

個性のあらわれが芸術

それからアメリカへ行き、スイスまで行っていろいろ勉強してきました。そういうなかで個人、一人の人間というものが、いちばん見事に表現されているのが芸術だと思いました。

芸術は、自分の個性を土台にしなければ成り立ちません。芸術家にも、人の絵をそのままほとんど同じように描いたりする人が出てきたりしますが、本当は自分のもので勝負しなければなりません。

赤瀬川原平さんという絵かきさんがおられます。私の好きな人ですが、赤瀬川さんが言っておられました。一度も絵を描いたことのない人が「絵を描きたい」と言われたら、「絵を描きたいんだったら、すごい絵を模写しませんか」ということで、まず美術館へ行って、たとえばゴッホの絵やマネの絵を見て、みんなに模写をしてもらうそうです。

すると、みんな一生懸命模写するのだけれど、出来上がった絵を見ると、全部違うのだそうです。それが非常におもしろい。「なぜ、こんなに違うんだろう」「あなたの絵は、ここがこんなに違うね」というところから、みんなが同じものを描こうと思っても、違いが出てくることがわかる。そこにその人の個性があるのだと、赤瀬川さんは言っておられました。

少し話が横道にいくようですが、日本の小学校や中学校でも、もっと模写をしたらよいのではないかと、私は思います。外国の美術館へ行くと、よく子どもたちが先生に連れられて来て名画の模写をしています。

模写をすると非常におもしろいのは、自分は原画のとおりに描いているつもりなのに、だんだん違ってくる。「なぜ、こんなに違うんだろう」「なぜ、あの人のはあんなふうになったのか」と思いながら描いているうちに、だんだんと自分の個性のようなものが出てくるのです。同じものを見て描いても一人ひとり全部違うわけです。

個性を生かすカウンセリング

カウンセリングも、一人ひとり違う人が、一人ひとり違うカウンセラーに出会う。クライエントも世界に一人しかいない、私も世界に一人しかいない、そういう人間同士が出会うわけです。

考えてみると、そういう点でわれわれの仕事は芸術にとてもよく似ていると思います。クライエントの個性がそこでいかに出てくるかということに、個性をもったカウンセラーが関わるわけですから、芸術とカウンセリングは似ています。

それならば誰にでもできるのではないかと思ったりします。個性的にやろうというので、マニュアルなどもいらないと思う。服も、どんな服を着ていてもいいし、お茶を出してもいいし、時間も一時間と決める必要はない。自分は辛抱強いから三時間ぐらいでもできるんだというようなことになると、これはうまくいきません。そこがまた、おもしろいところです。

フロイトやユングが、われわれの大先輩として心理療法をやり始めたときは、時間など目茶苦茶でした。フロイトもユングも時間を区切らずに、患者と寝食をともにしてやるようなことをしています。

そういうことをしながら、「こんなやり方ではだめだ」ということを体験していきました。なぜだめなのかと言うと、寝食をともにして一緒に生きていると言うと素晴らしいように思いますけれど、二人の人間がそこまで一緒になっていくと、かえって絡み合いが起こり過ぎて個性が生きてこないのです。

クライエントの個性がいちばん大事なわけですから、クライエントの個性を大事にしていこうと思えば、ある程度の距離がいります。あまりベタベタに接近し過ぎると、個性は生きてきません。

ずっと一緒にいると、ものすごく一生懸命のようですけれど、下手をすると、クライエントはあまり考える時間がなくなるかもしれません。少し何か言うと、すぐに「それはこう考えたらどうですか」とか言われ、どうにもがまんができなくなる。むしろ、離れた時間をもって、離れたところで自分の人生を生きながら通ってきて、二人で話をするというほうがよいのではないか。そのようにだんだん変わっていったわけです。

ルールや技術も大切

はじめはルールなしでやっていたのですが、時間は区切ることが大事だ、というようなことから、ある程度のルールがあるほうがよいのだということがだんだんわかってきます。

われわれはいま、時間はだいたい一回一時間でやっています。五〇分の人もいますし、週に二回とか三回という人もいますが、基本的には週一回会うようなやり方でやっています。

場所もいつも決まったところで会います。これはある意味で言うと、マニュアルどおりです。ある程度のかたちをもってくるのです。

芸術も、個性が大切だから何でも勝手にやっているかと言うと、決してそんなことはありません。音楽にしても西洋の音楽をきちんと習おうとしたら、ドレミファソラシドといった音階から練習しなくてはならない。声を出すにしても、単純に音を出すだけではなく、発声法があります。ある意味で、これはマニュアルどおりのやり方です。どういうように、どこからどういう声を出すか決まっています。「私は個性的だから、ドレミなんてやめて、どれでもいいわ」となると困るのです。基本をきちんと練習しなければいけない。

たとえば、バイオリンを弾くのに、私は個性的にバイオリンを弾きたいからと、とんでもない弾き方をされると、聴いているほうはおもしろくありません。音楽家はステージに立とうとするとき、ものすごく練習をします。そう考えると、やはり芸術にテクニックは必要です。そうすると、われわれの世界でもある程度そういうことは必要だということになってきます。ある程度の技術は学ばなくてはなりません。

ルールと気持ちの両立

しかし、ピアノやバイオリンを弾く人で、テクニックはものすごくうまくても、聴き手があまり感動しないということがあります。手はものすごく上手に動くけれど、その人の気持ちや感情がそこに入ってこないと、よい演奏にはなりません。

それは考えてみるとすごいことです。われわれは気持ちがこもると手がおろそかになったりします。カラオケをやるとよくわかります。いい気分になって歌っていると、いつのまにか伴奏からずれてくることがあります。伴奏に合わそうと思い過ぎると、うまく歌えない。いつも伴奏に合わせて、しかも、自分の心を歌うという両方がいる。

これは心理療法でもそうです。こういうことはやってはいけませんとか、時間はここできっかりやめますとか、ルールを守ってやっていきながら、しかも、そこにその人の気持ちというものがこもっていないといけないのです。

人間が生きているということが作品になって出てきますから、そういう作品に接すると、すごく勇気づけられたり慰められたりすることがあります。私は音楽が好きでよく聴きますが、音楽を聴いているだけで、「よし、また明日から頑張ろう」とか、「あのクライエントの人にちゃんと会わないといけない」という気持ちになってきます。これは、その音楽家が人の心を動かすだけのものをつくっているということではないかと思います。

スーパーバイザーの存在

心理療法には、「スーパーバイザー」というカウンセリングの指導的な役割をする人がいます。われわれは、日本語で「指導者」とか「助言者」とか「先生」とかいう言い方をあまりしません。私も長い間経験しましたが、そのまま「スーパーバイザー」と呼んでいます。

私がスイスにいたときは、クライエントに会うごとにスーパーバイザーのところへ行きました。

クライエントに会うと、そのあとすぐにカウンセリングの内容を報告します。すると、「ここをこうしたらいいのでは」とか、「ああしたらいいのではないか」と言う人もいれば、ほとんど何も言わない人もいます。スーパーバイザーによっていろいろです。

大事なことは、スーパーバイザーのところへ行っていろいろ話をしていると、「よし、次も新たな気持ちでやってみよう」とか、「こういうやり方で頑張ってやろう」という気持ちになることです。

スーパーバイザーは、単に、何か物事を教えてくれる人だというだけではなくて、われわれが心理療法という難しい仕事をやり抜いていくためのエネルギーの源泉だと言えます。そしてこれがスーパーバイザーのすごいところだと思うのですが、「よし、やろう」という気持ちを起こさせてくれます。

この頃は日本でもそうですが、スーパーバイザーに付いていろいろ教えてもらい、あとは一人でできるようになっても、たとえば五、六年経ってものすごく難しいクライエントが来ると、スーパーバイザーのところへ行きます。こんな難しい人ははじめてで、どうしていいかわからないと思うときは特別に頼んで、「すみませんがスーパーバイズしてください」と、話をしに行きます。すると、一回だけでうまくいくこともあるし、「もうちょっと続けてください」となるときもあります。

私の場合は、一〇年経っても一五年経っても、何年かごとにスイスへ行ったりアメリカへ行ったりしますから、そのときに頼んでおいて、日本でやっている難しいケースのスーパービジョンを受けていました。

そのようにして日本中でだんだん、難しかったら誰かに言って、そこで難しければさらに誰かに言ってとスーパービジョンのやり方が広がっていきました。そのうちに、私が最後の砦のようになってきて、難しい話はだいたい私のところへ来て、私が聴かせてもらうようになりました。

私のスーパーバイザー

なかに疑問に思う人がいて、学会のときだったと思いますが、「河合先生のスーパーバイザーはいったい誰ですか」と聞かれました。「最近はあんまり外国へも行っておられないし、誰にスーパービジョンを受けておられますか」と尋ねられました。そのとき私は、「私のスーパーバイザーは二人おられます。モーツァルトさんとバッハさんです」と半分冗談まじりに、半分真面目に答えました。私は本当にそれぐらいの気持ちでいます。

ものすごく難しいケースに会ったとき、「これは、私でいけるだろうか」とか、「この人、本当に生きていけるんだろうか」と思うことがあります。そういう人はみな、「死んだほうがましです」とか、「何の楽しみもありません」とか言われます。

そういうときにモーツァルトを聴くと、「やっぱり、頑張ってやろう」という気が起こってくるのです。聴いているだけで、「あの人はあんなふうに、もう人生に意味がない、今日でも死ぬと言っているけれど、必ず生きられる」とか、「いや、何か絶対あるぞ」ということを私に伝えてくれるのですから、まさにスーパーバイザーです。「次は、背広を着て行きなさい」とかモーツァルトは絶対に言わないけれど、聴いていると次に向かうエネルギーをものすごく引き出す力をもっているのです。

バッハもそうです。モーツァルトとバッハだけでなく、ほかの作曲家でも、そのとき、そのときによって違います。聴く音楽も種類も違う。オーケストラの演奏を聴くのと、歌曲を聴くのと、弦楽四重奏曲を聴くのとでは、またずいぶん違います。

私は音楽が大好きでいろいろな曲を聴きますが、いちばん好きなのは室内楽、なかでも弦楽四重奏曲がいちばん好きです。弦楽四重奏は、バイオリン二人とビオラとチェロとで演奏するのですが、本当に話を交わしている感じがします。問いかけたら答えがあったり、こっちが何か言うと、あっちから言い返したり、一緒に声をそろえて言ったりと、本当にそういう感じがして、クライエントと会話しているのとものすごく似ているなと思います。

思いはたくさん、口は一つ

これは前にも言ったと思いますけれども、人間の口は一つしかありません。ですから、一つのことしか言えません。ところが本当はわれわれの心の中には言いたいことがいっぱいあるのです。たとえば、クライエントのなかに、「先生のところへ来ても、何にもよくなりませんわ」と言う人がいます。そう言われると、「どうも、本当にすみません」というのと、「勝手なこと言うのなら、帰れ」というのと、返事が二つ浮かびます。

そのとき、二つの返事を同時に言えたらなあと思います。たとえば、「そんな気持ちなら、もう帰れ」というのと、「何とか私も頑張ります」というのと、二つが一緒に二重奏で出てきたら、ものすごくかっこいいのになあと、いつも思いますけれども、口は一つしかありません。「それなら帰れ」と怒鳴ったほうがよいのか、「いやあ、どうも」と言ったほうがよいのか、「やっぱり、僕は力が足りないと思います」と言ったほうがよいのか、黙っていたほうがよいのか、答えはいっぱいあるけれど、口は一つです。口は一つだけれど、本当は、同時に音が四つぐらい鳴るのがいちばんよいのです。

だから、弦楽四重奏曲を聴いていて、四つの音が鳴ると、私は一つの口であれと同じように言わないといけないとよく思うのです。そして、これほどの曲をつくる人がいて、これほどの演奏をする人がいるということが、私の大きな支えにもなります。

そして、たとえ口は一つでも、私が何か表現するということは、弦楽四重奏と同じ、時には、オーケストラと同じでなければならないとも思います。

そのように思うと、クライエントの心の中でもオーケストラは鳴っています。口は一つですから「先生のところへ来ても、全然よくなりませんわ」と言ってみたり、「もう死にます。これが最後です」と言ったりしますけれど、心の中ではオーケストラが鳴っているのですから、そのすべての音を私が聴きとらなければ心理療法をやっているとは言えません。その人の口から出てきている言葉以外の、心の中に高鳴っている音を自分はちゃんと聴いているだろうか、とオーケストラの演奏を聴きながら、私はよく思います。

ですから、心理療法を本気でやろうと思われるなら、できるだけ芸術の世界に接してほしいと言いたいです。本当にできるかぎり接してほしいと思います。

心に響く言葉

いまはあまり時間がないのですが、私は機会があればできるだけ演奏会に行っています。オーケストラの演奏を聴いていると本当に感激します。はじめはどうしても、メロディーが好きになって、いいなと思っている。けれど、何度も聴いているとメロディーだけではなくて、それ以外の旋律がいっぱい鳴っているわけですから本当にすごいなと思います。

これほどの高鳴り、主旋律以外のさまざまな旋律を奏でる音が全部同時に鳴っているのは、ちょうどわれわれが生きているのと同じだと思います。われわれが生きているということは、私の心臓も肝臓も腎臓も全部生きているということです。心の中でも、そういうふうにすべてのものが響応して生きているわけです。

ところが、そういうさまざまな思いをもっている人が私の前にいて、口で言っている言葉は一つです。言葉一つで、「お母さん、大嫌いです」とか言う。そのとき、言葉のまま受け取って「ああ、お母さん、嫌いなんですね」などと言うのは本当に馬鹿げた話です。その言葉の背後にどんなすごいものが流れているか。「お母さん、嫌いや」と言えば、「お母さんが嫌い」というテーマだけが出てきて、ほかの音も鳴っているのに、その人は自分自身の心の中の音を聴いていないのかもしれません。

われわれは、背後の言葉に耳を傾けるような気持ちで「はい」と言う。すると、「いや、そうは言いましても、うちの母も……」となることが多い。ほっとした感じで、本人にもほかの音が聴こえてくるわけです。すると、ああ、そういうのもあるのですか、ああいうのもあるのですかと、本人もこちらもだんだん豊かになっていく。

実際考えると、指揮者というのはすごいですね。指揮者は舞台の上でオーケストラを前に一人で棒を振っているだけのように思いますが、あの音を全部聴いているのですから。この頃、私も役得のおかげで、指揮者の人と知り合いになって、一緒にしゃべったり、時には一緒に演奏してもらったりもしているのですが、そういう人の体験を聴くと本当におもしろい。

外国生まれの心理療法を日本人に行う

日本人の心理療法をしながら、私がものすごく大事なテーマの一つだと思うのは、日本人が日本人に心理療法をするということです。

みなさんご存じのように、私も外国で訓練を受けてきました。私が心理療法を始めた頃は、単純に言ってしまうと、日本に心理療法家を訓練できるような人はいないと言っていい状況でした。外国へ行くより仕方がなかったので、下手な英語を頑張って勉強してアメリカへ行き、そしてさらにスイスへ行って勉強したのです。

いまは違いますけれど、私の場合は深層心理学など何も勉強せずにアメリカへ行き、そしてスイスでユング心理学を勉強しました。ですからユング心理学の体系は、私の中に全部英語で入っているわけです。日本語なしに英語で聞いて、英語で理解して、英語で身についているわけです。ですから、スイスで日本人に会って、日本語で話をしていたとき、私が知っているユング心理学の話になり、「あなたのその考えは、ユングの考えで言えばこういうことです」と言おうとして、ふと気がつくと“You know?”と、英語で言っているというおもしろい体験をしました。考えてみると、ユングのことを言うときには私の中に日本語はないのです。あわてて心の中で日本語に直しながら話しました。

日本へ帰ってきたとき、私はいわば西洋の考え方を全部西洋の言葉で身につけていたわけですから、それを日本人に日本語でやっていくとなると、果たしてうまくいくのかなとすごく疑問でした。また、それだけにいろいろ考えて悩んで、ずっと悩みながらやってきたわけです。

世界に通用する芸術家の出現

やっているうちに、兵庫県の新しい芸術文化センターの音楽監督をしておられる佐渡裕さんとの出会いがありました。国際的に活躍しておられる指揮者で、佐渡さんがヨーロッパでタクトを振るというと、どこへ行っても超満員になるぐらいすごい人です。その佐渡さんの話を個人的にも聴きましたし、本も書いておられます。

本に、「僕はいかにして指揮者になったのか」というくだりがあるのですが、佐渡さんがアメリカへ行って勉強し、指揮者になって日本へ帰ってきて、あるコンクールで指揮をして一位になられました。そのときの審査員に指揮者の山田一雄さんがおられました。山田さんは、音楽好きな人にはよく知られている方です。われわれが学生の頃に、N響を指揮して日本の音楽界の名を高めていった大指揮者です。佐渡裕さんが賞をもらったときに、山田一雄さんから手紙が届きます。その手紙が素晴らしくて、私は感激しました。

佐渡さんはコンクールでベートーヴェンの交響曲第七番を指揮したのですが、「あなたがベートーヴェンを指揮している間、自分は審査員として聴いていて、うらやましくて仕方なかった」と書かれていたのです。何がうらやましかったかと言うと、山田一雄さんが指揮をしておられた頃は、「フルトベングラーがああいうふうにやっているから」とか、「ブルーノ・ワルターがああいうふうにやっているから」とか、ヨーロッパの見本にどのように近づくか、どのようにやればヨーロッパの人にも負けない演奏ができるかと、必死になってやってきた。

ところが、佐渡さんがタクトを振りだすといっぺんにわかるけれど、誰の真似もしていない。はじめから佐渡裕の指揮をしている。佐渡さんは、「ベートーヴェンの七番を、自分はこう振る」と、自分自身のベートーヴェンをちゃんと振っている。それが本当にうらやましかった。日本はもうここまできたのだ。自分の考えでやって、それが世界に通用するようになってきたのだ。そのことが、うらやましかったという内容の手紙でした。

私も、ユングがこう言っている、フロイトはこうやっている、アドラーはこうやったとか、何とかそれに近づこうとやっています。ところが佐渡さんはそうではなくて、それをまっすぐに自分流にやっている。佐渡さんに会って聞いてみると、「そうです。僕ははじめから、これは僕のベートーヴェンだと思って振っているんです」と言われました。

ところが、もっと大事なことがあります。「これが僕のベートーヴェンだぞ」と思って振っても、「変わってるな」としか思われなかったら、何もなりません。ところが、フランスへ行ってもドイツへ行っても、向こうでちゃんと通用する。そういうことができるようになったということです。

外の世界との接近のかたち

ではいま、若い日本人は、西洋人と同じようになっているのかと言うと違います。ここがすごくおもしろいのです。そういうことばかり考えていますから、よくそういう話になります。ドイツのバイロイトは、音楽好きな人にはよく知られるワグナーの本場です。そのバイロイトで、日本人でありながら歌手として頑張っている人がいます。すごい人だと思います。よほどでないとできないことです。「ワグナーをわからんやつが、ワグナーの曲を歌えるか」とドイツ人は思っています。それでもできるならやれというなかで、日本人の藤村実穂子という人がバイロイトで歌っているのです。

藤村さんともお話しする機会がありました。「藤村さん、率直に言いますけれど、日本人でバイロイトでワグナーを歌うなんて、本当にできるものですか」と聞くと、おもしろいことを言われましたね。

藤村さんは日本で高い評価を得ていた歌い手でしたが、ドイツへ行ったときに本当にげっそりしたと言います。自分がどんなに頑張ってもついていきようがない。なぜならドイツ人には長いドイツの歴史があって、ドイツの文学を読み、その歴史を知り、ドイツの食べ物を食べ、ドイツの景色を見て、それを全部もって生きている中にワグナーがいる。だから、自分がいくら頑張ってもだめだと思った、と。

そして、これを何とかしようと思ったとき、何から何までドイツ的に変えたそうです。食べ物から何から日常生活のすべてにわたってドイツ人の真似をし、必死になってドイツ人と同じような生活をして、その中でワグナーを歌うのだというようにした。

そうすると、ある程度は評価されます。「おまえは日本人だけれど、なかなかドイツの心をわかっている」とか、「ドイツ的だ」とか言われて最初は喜んでいた。けれど、そうやっているうちに、「これでは絶対に一流にはなれない」と思うようになった。

ドイツ人は、何も真似をしなくてもドイツ人です。本物のドイツ人が本場で歌っているのに、自分が真似をして同じようにしたところで、所詮は真似の域を出られない。こんなことをやっていても追いつかない。やっぱり、日本人がドイツの音楽、ワグナーをやるというのは無理ではないかと思ったと言われました。

思っているうちにふと気がついたのは、ワグナーはあのような大歌劇をつくっているのですが、ああいうものすごい歌劇によってワグナーが伝えたいと思っていることの根本、本当に言いたいことは、ワグナー自身にもわからなかったのではないかということです。

これはすごくおもしろいと思いました。本当に、人間が「これだ！」ということは、誰にもわからない。ワグナーはそれを必死になって求め努力をしているうちに、ああいう大歌劇をつくって、みんなに聴いてもらうことになった。聴いている者はみな感激し、ドイツ人も彼らなりにすごいと思っているけれど、ワグナーのいちばん底にあるものは、ドイツもアメリカも日本もない、人間共通の「X」なんだと思い至るのです。

そしてその「X」に、藤村実穂子という人間が、自分の全身全霊をあげて迫っていく、これしかないのではないかと思うようになったと言います。あの真似をする、この真似をする、ドイツ的にやると言っても、自分は日本人なのだ。日本に生まれ、日本に育ち、日本語をしゃべって生きてきた人間がやるのだから、ワグナーの書いたものをどう表現するかと言うよりも、そのもう一つ底にあるところへ、自分は自分なりにどうしたら迫れるだろうかと考えるべきだ。そう思ってやりだしたらいっぺんに評価があがって、みんなに非常に褒められ、そのままバイロイトで歌っているのだということでした。これはすごいことだと思いました。

「X」としか言いようのないもの

私は心理療法をやっていますからすぐに思うのですが、われわれのいちばん大事なものというのは本当に人間共通で、やはり「X」としか言いようがない。その「X」をみんなが自分の心の中にもっていて、それをこの人生で生きようとしているわけです。

自分の人生の中にある「X」を生きるために、人は結婚したり子どもを産んだり、職業を選んだり、金を儲けたり、人を騙したり、いろんなことをやっています。なかには、人を殺す人まで出てくる。

実際、心理療法をやるわれわれが会うのは、一般社会から言うとマイナスの人ばかりです。一般社会で褒められているような人がにこにこしながら来るはずがない。たとえば、「みんなからは尊敬されていますが、実は万引きをしたことがあるのです」とか、「学校へ行けません」とか、「食べて、食べて、太って死にそうです」と言う人もいる。

しかし、心理療法で大切なのは、私に言わせると、その人がいま拒食であるとか、いま学校へ行っていないとか、いま人を殺してきたのだということよりも、もっともっと底にある「X」をこの人は本当はどう生きようとしているのだろうかということです。その「X」を、この人は本当はどう生きればいいのだろう。

つまり、誰でもワグナーをやったら褒めてくれるわけではないのです。ワグナーの下手な演奏というのはあるわけだし、ベートーヴェンの下手な演奏もある。どんなところでも、そういうことはあるわけです。

そうではなくて、「ベートーヴェンの底にあるものに、私は迫るんだ」というぐらいの気持ちで、クライエントとして来た人と向かい合うということです。「この人は盗みをした人やなあ」「この人はシンナーやってるなあ」というようなことだけではなく、その人のいちばん底にある「X」、これに私は注目したいと思っています。

その人がそれをどう生きようとするのかを助けたいと思う。ある意味で、芸術家を育てるのとすごく似ているのではないか、とこの頃は思っています。

芸術は心の中に住む

確かフロイトやユングが活躍しだした頃の、グロスという人だったと思いますが、「すべての人間の心の中には芸術が住んでいる」と言っています。私もこの頃、ますますそう思うようになっています。みんな、心の中にそういうものをもっている。しかし、難しいのは、それを「表現し、生きること」です。われわれは日常生活の中でそれをやるわけです。

われわれは芸術家ではありません。なかにはいますが、たいていの人はそうではありません。自分は芸術的に生きるのだから、朝はゆっくり行こうなどとやると、すぐに会社をクビになります。九時始まりであれば九時に行かなければいけないし、昼の時間はみんなと一緒に昼飯を食べないといけない。けれども、それだけが人生かと言うと、決してそういうことではない。ただ、その人はそういう表現の形式を選んでいるのです。そのなかで、その人の本当の「X」というのは、どのように生きるのだろうかと考えるのです。

音楽をやっている人たちの話を聴いていますと、みんなの前で何とかそれを表現しようとしておられる。だから、われわれが聴いてもすごく感動するわけです。それはわれわれの「X」――私も「X」をもっていますから――を生きよう、というのと呼応するからかもしれません。

クライエントもみんなそれをもっています。誰しも、みんな心の中に「X」をもっているのです。それを本気で生きようと思うと、音楽を聴いているだけですごい体験ができる、と私は思いました。

演劇にあらわれる「X」のすごさ

これは音楽だけではありません。演劇でも同じです。これも役得で、私は演劇もよく見るのですが、私がものすごく感激したのは、蜷川幸雄さんの演出された『ロミオとジュリエット』です。あれを見たときは、本当に感激しました。

ところで、ジュリエットの年齢はいくつだと思われますか。一四歳なのです。私は大学時代に『ロミオとジュリエット』を読んでいます。読んで、それなりに感激はしましたけれど、ジュリエットが一四歳だということはほとんど記憶にありませんでした。

最近は、一四歳の子どもが大変だとか、恐ろしいということがだいぶ言われ出したのですが、考えてみたらジュリエットが一四歳ですから、一四歳が問題なのはいまに始まったことではない。すでにジュリエットの時代から恐かったのです（笑）。『ロミオとジュリエット』を読んでわれわれは喜んでいますが、ジュリエットのような子がクライエントとして来たら本当にたまりません。「好きで、好きで、死んでもいい」なんて言われると、「そんな無理して結婚しないで、もう少し普通の人と結婚したらどう?」と言いたくなるはずです。一四歳の女性のまさに心の中から突き上げてくる「X」のすごさが、演劇の中で本当にきれいにあらわされていると思います。

昔、シェークスピアを訳した人は、シェークスピアというのは大シェークスピアだと思っていますが、たとえば『ロミオとジュリエット』の中には、ジョークでも非常に卑猥なジョークが平気で出てきます。本当に、そのものずばりの言い方が出てくる。ジュリエットの乳母などは変なことばかり言っています。ところが、昔の訳者は、こういうのが訳せない。あるいは、ジョークですから気がつかなかったのかもわかりません。それをうまく、きれいな言葉に訳し直しているのです。

ところがすごく感心したのが、松岡和子さんの訳です。この人とも何度も対談しましたが、松岡和子さんは「それはおかしい。シェークスピアが書いたとおりに訳すべきだ」というので、彼女の訳には、『ロミオとジュリエット』でも、そういう卑猥なジョークがばんばん飛び出します。

演劇で見ているとよくわかりますが、『ロミオとジュリエット』と言うと純愛ものと考えますが、純粋の愛だというのと、男と女というのは要はセックスなのだというのと、意見がものすごく割れます。みんな昔を思い出してもらったらわかりますが、一方では本当に純粋に愛するとか、この人のためには命を捨てますとか言いながら、他方では、そんなことがあるの？　とか、構わないから目茶苦茶やってしまえ、とかいうようなことが起こる。その両方が一四歳にあるということが、『ロミオとジュリエット』を見ていると、本当によくわかります。

わけもない行動の深層を見る

もう一つ、ロミオはよく喧嘩したりチャンバラをしたりしています。あれは大した理由はないのです。要するに、喧嘩がしたいのです。男の人は思春期の頃を思い出してみると、そういう時があったなと思われると思います。

わけもなく喧嘩したり、蹴飛ばしたりしたくなる。弱い人はやっても負けるので別ですが、何か少しやりだすと、もっとガーンとやりたくなることがある。だから、ロミオが戦ったり、友だちが殺されたりするけれど、そのきっかけは本当に馬鹿げたことです。

思春期というのはそういうものだという感じがすごくします。本当に馬鹿げたことで乗り込んでいって、殺したり殺されたりしている。見ていると、私の脳裡にいっぱいクライエントが思い浮かびます。あの人もそうだった、この人もそうだった。あのとき、私はそれが本当にわかっていたのだろうか。何の理由もないけれど、ともかく殺し合いがしたいとか、何でもいいからセックスの話をしてみたいとか、セックスの話かと思うと急に純愛に変わってみたりとか。

考えてみると、そういうクライエントの前で、われわれは少し常識のほうに寄りがちだと思います。「もう少し常識的にやったらどう?」というほうへ偏り過ぎて、本当にクライエントの心の中で行われている活劇を見過ごしているのではないかと思います。

クライエントの心の中ではまさに、『ロミオとジュリエット』と同じような活劇が起こっているのです。その活劇の進み方によっては暴走族になってみたり、援助交際をやってみたりします。暴走族とか援助交際とか聞くと、「ええっ!?」と思いますが、その背後に『ロミオとジュリエット』の演劇を思い浮かべると、よくわかるのではないかと思います。

そのように思いながら演劇を見ていますと、本当にすごいと思います。たった二時間半ぐらいで、人ひとりの人生どころか、人間とはどういうものかということまで、きちんと描いているのですから。

演劇と事例研究

考えてみますと、われわれも似たようなことをやっています。事例研究というのがそうです。ある人に一五、六年も会いながら、事例研究では三時間ぐらいでまとめてしまいます。「事例の発表は、一時間一五分でお願いします」などと言われると、十数年も会ってきた人の話を、一時間でまとめなければならない。それは演劇を書いたり、脚本を書いたりするのと似ています。全部言っていると、絶対時間が足りません。ですが、何年間にもわたる内容を一時間に縮めて人前で言うということは、それはそれで大変な意味があります。

この頃、私自身は発表をしませんけれど、昔やっていた頃にそう思いました。私と一緒にやってきたクライエントの長い人生です。考えてみるとまとめることはあながち無理なことではありません。演劇や映画でもそうですが、二時間の映画で人ひとりの人生どころか三世代ぐらいの人生が出てくるのを見て、それなりにわかります。だから、うまくやれば、その時間内できちんと言えるのです。

私は日本ではあまり発表しませんが、外国の事例研究会で二〇年会った人の話を一時間にまとめて発表して、そのときに、「あなたの二〇年をこの一時間でしゃべってくれて感無量だ」と言われたことがあります。

やはり、言うことはできるし、ちゃんと通じるのです。二〇年の重みが一時間だけできちんと伝わる。私はそのとき、演劇や映画でも、短い時間の中であらわせているのだから、絶対できるはずだと思いました。

心理療法と演劇の相似

しかし、演劇でも映画でも強いのは、単に言葉だけではなくてイメージがあるということです。『ロミオとジュリエット』でも、本で読むより演劇を見るほうがはるかに迫力があります。それは、『ロミオとジュリエット』に限ったことではありません。

私は蜷川さん演出のシェークスピア劇を、かなり見ました。それから、鈴木忠志さんも演出家としては世界的な方です。この頃うれしいのは、日本人が国際的に活躍していることです。私は鈴木さんの『リア王』を見たのですが、非常に感激しました。本当に素晴らしい。「老いるとはどういうことか」「死を迎えるとはどういうことか」ということが、あれこれ言わなくても、演劇を見ているだけで伝わってくる。

こうしたものを見るたびに思うのは、二時間でこれだけのことを見せる。それを私は一時間のクライエントの面接でどのぐらいやっているだろうか、本当にやっているだろうか、ということです。高齢者の人が来て「もうだめですわ。死にますわ」と言っておられるときに、「ああ、いつも同じことを言って」と思うか、「この人の背後にリア王がいる」と思うかでは、まったく違います。

本当はみんな、背後に「X」があるのです。その「X」と対峙しなければ、われわれは心理療法をやっているとは言えないと思います。そういうときに、われわれの理解を深めさせてくれるものとして、演劇はすごくつながるものがあると思います。

私はクライエントと会っていて、私と二人だけで会っているというのではなくて、そこには「芝居がある」と言っていいのではないか、とよく思うのです。クライエントが来て、「私のお母さんは……」という話をしたり、「いや、実は私の村では……」と言うと、それは演劇の舞台のようではありませんか。私の恋人がこんなことをしましたというようにそこに登場人物がいっぱい出てきます。

そのように演劇と心理療法の相似性を考えるとすごくおもしろいのです。この頃、そういう内容のことを書く人が出てきましたが、これはもっと比べて、もっと論文を書くべきだと、私は思っています。

治療者は舞台

たくさんの人が出てくるときに、いったい治療者はその演劇の中の何になっているのか気になります。やって来たクライエントの演劇の中で、私はどういう役割をもっているかと考えるときに、いちばんうまくいっていると感じるのは、私が舞台になっていると感じるときです。

　私は舞台で足下にいて、私の舞台の上でクライエントがすごい演劇をやって、演劇が上手に収束して終わりになる。私は舞台ですから、ある意味では踏まれたり蹴られたりしますが、しかし私自身は登場しなくてすむ。

　クライエントは、こういうことがあって相手を殺してやろうと思ったのだとか、お母さんとものすごい喧嘩をしたとか、いろいろな活劇をいっぱい演じて、だんだんまとまって終わっていく。そのとき、自分はほとんど舞台だったと思えるときはよいですけれど、私自身が登場人物として登場しなくてはならないときがあります。そのいちばんわかりやすいのが、転移の現象です。転移の相手として私が恋人に選ばれたような場合は、どうしても登場しなければなりません。

　クライエントが、「先生に会うのだけが生き甲斐です」「先生、一時間だけ会うんじゃなくて、もっと会ってください」とか、「先生、どこに住んでおられるんですか」「電話をかけてもよろしいですか」「先生は食べるものはどういうのが好きですか」と、だんだん接近してきますと、「いや、私は舞台ですから、どうぞ、上のほうでやってください」とは言えません。私も登場人物として選ばれているのです。そのときに非常に重要なのは、「なぜこの場合、自分はそういう俳優として登場しなくてはならなかったのか」ということを、よく考えることです。

治療者が演技者になるとき

だいたい、私は先ほど述べたように舞台になるのが好きで、俳優にはめったになりません。けれども私の考えでは、私が俳優として選ばれているのは、私としてもそういう演劇に参加することによって私が人生を生きるという課題をもっているときではないかと思うのです。もう少し言いますと、私にしても自分の人生を生きているわけですから、私の人生の中ではいろいろな人と喧嘩して言い合いをしたり、怒鳴り合いもしているし、恋愛もしているし、親と言い合ったり、いろいろなことがあります。

私も、そういうふうに自分の人生演劇をいろいろやりながらここまできたけれど、まだやり残しているものがある。私としてはまだ問題があって、その心の問題をもう少し恋愛と似たような感情の中で解消するのが、いちばん適当だと思っているときに、ちょうどその相手になるような人が来たとしたら、どうしてもそこに選ばれるのではないかなと思います。

ですから、クライエントの転移の対象になったときには、「困ったな。また、転移されてうるさいな」と思わず、自分はまだどんな問題をもっているのだろう、何を生きねばならないのだろうと、すごく考えます。

それがはっきりしてくると、そのクライエントと恋愛関係にならなくても、私は自分の問題をいろいろなかたちで解消していくことができます。ある程度の恋愛感情の中で、自分はこういうことを生きているのだと、しっかり認識することです。

その恋愛感情がそのまま恋愛になってしまい、下手をすると「結婚しましょう」というようになってしまっては目茶苦茶になります。けれどそうならずに、治療者とクライエントの関係を維持しながら、自分の内面的な仕事をやりぬく。そういう場合には、自分で演技することはすごく大事だと思っています。

そのとき、下手な人ほど自分のことを放っておいて、クライエントのことばかり考えます。「あのクライエントは、どうしても恋愛的な感情をもっていて、うるさくて」と喜んでいる人もいます。そうして自分の仕事を忘れる人が多いのですが、そうではなくて、「自分が舞台上に登場させられたら、クライエントとやり合わなくても、自分で自分の問題を解決すれば、クライエントも自分の問題を解決できる」と考えると、すごくよくわかると思います。

だいたい、クライエントはいつも正しいと言ってよいと思います。あのクライエントはうるさい、よく怒る、文句が多い、いっぱい手紙を寄越すと嘆きたくなるときに、そうではなくて、自分の何がそれと呼応しているのか。何が相手にそれをさせているのかを考えだすと、セラピストとしてやらねばならないことがあることに思い至ります。

そういうときに、恋愛をしなければならないということはなくて、芝居や映画を見たり、音楽を聴いたり、文学を読んだりする。体験そのものを生きた人間としなくてもそれと同じくらいのことができるというところが、芸術の素晴らしいところです。そういう意味で、私は芸術というのは本当にすごいと思います。

「X」の噴出の場

いま、お話ししていて一つ気がついたのですが、現代人にとって一つの大きい問題は、「本当の祭り」というのがなくなったことではないかと思います。これは日頃、私がよく思っていることでもあります。

本当の祭りというのは、先ほどから私が「X」と言っているものが、中から噴き出してくるもののことです。普通はそれを外に出してはいけないことになっています。日常の会話で、私の「X」が噴き出してきて上司に「バカヤロー」と言ってみたり、急に誰かに抱きついたりしたら、これは大変なことになります。ときどきやる人がいて、新聞に載ったりしていますが、そういうのは、残念ながら「X」を下手に生きている人です。

いつもは、やってはいけないのです。朝はきちんと起きて、朝ご飯を食べて、会社へ行って、昼ご飯を食べて、帰ってきて、にこにこして……とやっていたら、だんだん人間がさびれてきます。型にはまった生き方でだんだんさびれてきて、「私って何なの？　私は何のために生きてるの？」と言いたくなってくる。

昔の人は、身分が固定していたので、いまよりももっと不自由でした。侍は侍らしくなければならない。「自分は刀を一本だけ差そう」というようなことは絶対できない。刀は二本差していないといけなかった。髪の結い方、着物、ものの言い方と、みんな身分によって決まっていました。

ところが、祭りがありました。祭りのときはそういう制限をとっぱらって、無礼講でできた。もちろん祭りという範囲内ででしたけれど、日常は全部とっぱらえた。

いまの祭りにも、ある程度そういうものが残っています。たとえば、この近郊であれば岸和田のだんじりなどには、相当残っています。だんじりでときどき人が怪我をするとか死ぬとかして、問題のように言われますけれど、やはり、そういうように命がかかっていないと祭りではないのです。

ですが、ここが難しいところです。もしかすると人が死ぬほどの命がけのものが本物の祭りだから、たくさん死んでよかったねとは絶対に言えない。昔の祭りも死なないようにやっています。でも、はじめからあまり型が決まってしまうと祭りではなくなってしまいます。「当番が回ってきたら出ないといかんし、仕方ないな。こんな服着せられて、ぞろぞろ歩いて……」となっては、もう祭りではありません。

祭りというのは、勢いよく神輿を担いで、相手を威勢でやっつけるぐらいでないと楽しくない。

「なんで、担がされてるんやろ」とか、あまりしんどいから「ときどきぶら下がろう」というような人がいるようでは盛り上がりません。

本当に盛り上がる祭りというのは、いま難しくなっています。それは、怪我をしないように、死なないように、あとから問題が起こらないようにとやり過ぎているからです。われわれの子どもの頃は本当の祭りがまだありました。場所によってはまだ相当荒っぽい祭りの感覚が残っています。この間、能登半島へ行ってきたのですが、能登のほうの祭りは、まだ祭り感覚が残っていていいなと思いました。

芸術の中に生きている祭り

現代のわれわれは、そういう祭りなしで生きているのかと思ったとき、NHK交響楽団の演奏を聴く機会がありました。曲目が「ローマの祭り」でして、それを聴いて私は「祭りはある」と思いました。私の心の中は、演奏を聴いている間じゅう、完全に祭りになっていました。すごい祭りが心の中で躍動する。オーケストラの演奏が心の中に生き生きとした祭りを喚起するのです。

現代にも祭りはちゃんとある、芸術の中にあると思いました。演劇の中にもありますし、映画の中にもありますし、そういうところで自分の心の祭りを体験するというのは、とても大事なことです。一度、自分の「X」をガチャガチャと振り戻して、勢いよくつくり直すぐらいの祭りを体験するのです。

現代の絵画もそういうところがあります。一枚の絵ですが、その絵を見ているだけで、突き飛ばされたり、揺さぶられたりという体験をする絵もあります。本当によくこれだけの表現ができるなというものがあります。絵もとても素晴らしいので、ぜひ見てほしいと思います。

いまの時代は、芸術によって祭りを体感できる。体感できると言うか、はじけることができる。これが大事なのです。「今日の演奏はよかったですね」とか、「この絵はちょっとおもしろいですな」ではだめなのです。やはり、その作家が言わんとしているものが、こちらの心の中で生き生きと呼び起こされないとだめです。それが芸術というものだと思います。

「そう言っても、なかなか難しいし……」と思う人には、映画を勧めたいと思います。映画はわかりやすいです。私はこの頃、映画もよく見ます。「あいつは、文化庁長官で何やってるのか」ということになりますが、これも役目ですからやっているのです(笑)。

最近、いろいろな映画を見ましたけれどおもしろいですね。映画を見るときに絶対お勧めしたいのは、「映画館へ行ってください」ということです。映画はおもしろいから、ビデオを借りてきて茶の間で見ようか、ではやはりだめなのです。茶の間で見ると画面が小さいので、映画の世界へなかなか入りにくい。

映画館へ行って、自分は観客で、大画面の中にすごいのがあると、すぐその世界に自分が入っていけます。鑑賞しているのではなくて、自分が入って体験しないと、芸術というのは意味がないと、私は思っています。映画館へ行って見ていると、音もそうですし、すべてのものの中に引き込まれていきます。

映画を通しての交流

最近では、日本の映画にも素晴らしいものがたくさんあります。この間韓国へ行って見たのは山田洋二さんの「学校」シリーズで、一五歳の子が家出して旅をするというものでした。「学校」という映画を韓国へ行って、韓国の人と一緒に見ていると本当におもしろいです。韓国の人にもそのままわかるのです。

そのときは、女優のチャン・ミヒさん（いまは大学の先生になっておられる方）と対談しましたが、映画の内容が、韓国の人にもよくわかるんですね。一五歳の子が主人公で、学校へ行くのはうるさいし、嫌だし、いわゆる不登校になっている子が、家出をして旅行をする話です。チャン・ミヒさんが、偏差値や勉強に押さえ込まれ、お母さんに押さえ込まれて苦労しているのは、韓国の子どものほうが日本よりひどいだろうと言っておられました。

私の『子どもの宇宙』とか『子どもと悪』は韓国語に訳されいて、たくさんの人が読んでくれているそうですが、チャン・ミヒさんも読んで、これは本当に韓国の人に必要になってきたと言われました。韓国では、日本よりもはるかに子どもに対して圧力が加わっているからだと言うのです。

みんな、子どものためにと思って、指導したり助言したり教えたりするのですけれど、私から言わせると、それらがすべて、子どもの「X」をつぶすほうに働いているのです。もっと「X」が噴き出てきたら、子どもでもすごいことができるのに、「それはやめときなさい。この勉強をしなさい」「それはやめて、こちらをやりなさい」と制限し、そしてだんだんと型にはめていく。その子の個性や、せっかくこの世に生まれてきてこの世で発言しなくてはならない、生かしていかねばならないものをつぶすために、指導したり教育したりしているのではないだろうかと、チャン・ミヒさんも言っておられました。

表現療法

映画は映像で迫ってくるからやはり印象が強いです。私はいま、言葉で言っていますけれど、映画を二時間見ていると、「そうだな」とか、「やっぱり、うちの家でも考えないとだめだな」とか、教師なら「自分も、生徒に接するときに考え直さないと」ということが実感として湧き出てくる。これが強いところだと思います。

だから、実際に臨床心理学の勉強をしている大学院では、みんなで映画鑑賞をしたり、そういうことをもっとやるべきではないか。映画を見て、本当にどう感じたのか、どう思うのかということを、話し合ったほうがいいのではないかと思うぐらいです。

このカウンセリング講座も、映画鑑賞をして終わりにしたらいいと思います（笑）。時間もちょうどうまくいくので、今度、頼んでみようかと思います。冗談ではなく、芸術の力というのは本当にすごいと思うからです。

心理療法にも「芸術療法」というものがあります。クライエントに表現してもらう。絵を描いてもらったり、物語をつくってもらったり、箱庭をつくってもらったりする。私が「X」と言っているそれを、クライエントがどのように表現するだろうかという意味で、「芸術療法」という言い方をしています。最近は、音楽療法もあります。

そこでわれわれが気づかなければいけないのは、「芸術」という名前がつくと、芸術的に素晴らしいとか、みんなに鑑賞してもらうとか、みんなに喜んでもらうとか、少しそちらのほうが先行し過ぎることです。そうなると、「自分の中にもっているものを、まず表現するのだ」ということが制限されてしまうことがあります。

本当は思い切りはじけたいのに、あまりはじけると、「きれいにいかないから、ちょっとこうしておこうか」となると、表現活動というところからむしろ外れるので、この頃は「芸術療法」と言うよりも「表現療法」という言い方をするほうが多くなりました。その人自身の表現をしてもらうことが主眼です。

そういう表現をしてもらって、われわれが「うん」と思うためには、表現を自由にしてもらえるような人間関係を築くことが非常に大事です。クライエントとセラピストの関係があって、この人の前で描くのだったら、この人のために描くのだったらということが入って、その人の表現というものが、芸術的にどうであるかというよりはむしろ、その人の内面のものがそこにどう出てくるかということになるのではないかと思います。

だいたい、時間が来たようですから、終わりにさせてもらいます。どうも、ありがとうございました。

第3章　禅仏教とカウンセリング

今日は、「禅仏教とカウンセリング」という題でお話をしますが、私は実際に禅をしたことはありません。「禅は全然知らない」(笑)とよく言っているのですが、体験したことがないのです。ないのにどうしてそんな話をするのかと言いますと、カウンセリングは人間が人間に会ってする仕事ですので、それをするわれわれカウンセラーは人間として学ぶべきことがいろいろあるし、また学んでいかなければならないと思っているからです。

そういうわけで、カウンセリングを勉強するためにはカウンセリングの本はもちろんですが、心理学の本もいろいろ読まねばなりませんし、カウンセリング以外のことに対しても目が開かれていることが大切だと思っています。

実は、カウンセリングをするためにはどんな本を読むとよいかという案内をするために、『ブックガイド心理療法』(日本評論社)という本を出版しました。その中に、これからお話しする上田閑照先生の書かれた『禅仏教——根源的人間』(筑摩書房/岩波書店:同時代ライブラリー)という本も入っています。

どんな本を読むとよいのかいろいろ挙げていくと、心理学以外の本がいっぱい出てきます。むしろ心理学の本でないほうがずっと多いかもしれません。それはなぜかと言うと、カウンセリングをしようと思うと、われわれカウンセリングをする者の人間性が問われてくるからだと思います。そういうことを考えていくうえでも、上田先生の『禅仏教』は、非常に役に立つと思います。

カウセリングと言葉

実を言いますと、上田先生は私が京都大学の教育学部に勤めはじめたときに、もうすでに京都大学の教授でした。私はもともと数学科の出身で、科学的なことに関心があって、西欧の合理的な考え方や自然科学の考え方というのが大好きでした。その反面、日本のものはどうもわけのわからないことを言っているようで、あまり好きではありませんでした。特に、そのなかでいちばんわけのわからないことを言っていると思ったのが禅でした。何か言うとすぐ「喝！」と怒られて、あんなものは嫌だというので、ひたすら敬遠していました。

ところが、私が心理療法の勉強をしに行った先の欧米の先生方のほうが、よほど日本のことをよく知っているのです。あるいは中国のことを非常によく知っている。『老子』とか『易経』とかをほとんどの人が読んでいて、私が東洋人なので当然知っているものだと思っていろいろ言ってこられます。

だから、私も知っているような顔をして、日本から本を送ってもらっては大急ぎでにわか勉強をやっているうちに、だんだんおもしろくなってきたのです。そういうふうに欧米には禅の好きな人もたくさんおられました。その人たちの話を聴いているうちに、私も東洋のことにだんだん関心が向くようになって、その後、日本へ帰ってきて京都大学に勤めるようになったとき、そこに上田先生がおられたのです。

上田先生が『禅仏教』を出版されたのは一九七三年です。出版をされたときに私は本をいただいたのですが、それを読んだところ大変素晴らしくて、いままで禅というと敬遠していたのですが、こんなすごいものかと思ったのをよく覚えております。それだけではなくて、「ここにはカウンセラーにとって、とても大事なことが書いてある」と思いました。それで機会があるとよく、学生たちにも「カウンセラーになるためには、上田先生の『禅仏教』を読んだらよろしいよ」と勧めていたのですが、この本が絶版になって手に入らなくなってしまった。そのほうが私だけ持っていていいのかもしれませんが（笑）。

でもちょっと残念ですので、どこかで出版しないかなと思っていたら、岩波書店から文庫の形で出まして、非常に便利になりました。それで、これを機会に一度この本の話をしようと思い立ちました。今日は、この本のすべてについて話すことはできませんが、特に、言葉に関係のあることについてお話をしようと思います。

というのは、カウンセリングはだいたい言葉でするものだからです。みなさんもカウンセリングをするときに、言葉以外でするのは少ないのではないかと思います。クライエントが話をされて、こちらも何かを言う、というふうに話し合いによってカウンセリングが進みます。そういうふうに、われわれはもっぱら言葉を使ってやっているのですけれど、それでは、言葉にはどんな意味があるのだろうか、どういう話し合いをすることに意味があるのだろうかということを考えるうえで、この『禅仏教』の本に書かれてあることが非常に示唆的だと思ったのです。

禅問答とカウンセリング

よく知られているように、禅には「禅問答」というのがあります。これは言葉のやりとりです。われわれはどういうときに「禅問答」という言葉を使うかと言うと、「あいつの言っていることは禅問答みたいなもんだ」というように、わけのわからないことの喩えによく使います。「私の話を聴かれてどうでしたか」と言ったときに、「禅問答みたいでした」と言われたとすると、それは褒められているのではなくて、「よくわからなかった」と言われているのです。それぐらい、禅問答というのはわけがわからないものです。

それでもやはり禅問答は、言葉と言葉で、一対一でやるものです。われわれのカウンセリングも一対一で話し合いをしているわけですから、その点が非常によく似ている。よく似ているけれども、どうして禅の場合はあんなにわからないことを言うのだろうかと思います。

実際、禅の話というのは、参禅して「公案」というのをもらって、その公案について考えた人はおわかりだと思いますが、だいたいわからないことのほうが多いです。老師が禅のときに、わけのわかることを言うことはまずありません。わからないことを言われて、それをみんな必死になって考えるのです。

その点、カウンセリングでは、われわれはわかる話をします。カウンセリングで禅問答のようなことをしていたら、だれも来ないと思います。相談に来られて、「私、苦しいんです」と言っているのに、「いやあ、今朝ほどはカラスが鳴いておりましたな」というようなことを言うと、「どうもこの人はおかしいんじゃないか」と思って帰ってしまうかもしれません。禅問答には、それに似たようなものがすごくあるのです。

たとえば、悟りのできない人が必死になって偉い先生のところへ訪ねて行くと、「だれそれ」と名前を呼ばれて「はい」と言うと、「うん。それでおまえはわかったのだ。もう、帰りなさい」などと言われたりします。「はい」というその一言を言うために長い道のりを歩いて行き、その人もまたそれでわかるのですね。そういう話がたくさんあるわけです。

われわれの場合、カウンセリングに来られて「もう、死にそうです」と言う人に、「何とかさん」

と言って、「はい、もう助かりました。お帰りください」と言えるとしたら、こんなにうれしいことはありませんが、だいたいそうはうまくいきません。ですが、われわれはわけのわかった話をしており、禅問答ではわけのわからないことをやっているように見えるのですが、少し深く考えてみると、根本的にはすごく似たところがあるのです。

根源の言葉

今日は、上田先生の書いておられる本から引用しながら話を進めようと思います。特に言葉のことを話したいと思うものですから、第二章の「禅と言葉」というところから始めようかと思います。第一章の「禅と神秘主義」というところに書いてあることも第二章にすごく関係してきますし、非常におもしろいですので、みなさんは、もちろん第一章から読まれてもいいのではないかと思います。

上田先生は言葉を説明するために、ドイツの詩人リルケの自作の墓碑銘を借りて話を始めています。

薔薇、おお！　純粋な矛盾、
幾重にも重ねた瞼の下

誰のでもない眠りである楽《よろこび》。

こういう引用をしておられるのですが、ここで上田先生は、「薔薇」と、「おお!」ということ、それから「純粋な矛盾」「幾重にも重ねた瞼の下　誰のでもない眠りである楽《よろこび》」の三つに分けられて、この三つの文について考えておられます。

ここで上田先生が非常に重要視しておられるのが、「おお!」なのです。この「おお!」は、「根源語」すなわち「根源の言葉」であると言われます。これは上田先生の非常に大事な考え方なのですが、「おお!」は、この詩が生まれるいちばんの根源から出てきた言葉である。つまり、はじめは言葉がない。「おお!」としか言いようがない、ということです。

これは、われわれもときどき体験します。何かあったときに思わず「おおっ!」と言ってしまう。素晴らしいとか、嫌だとか言う前に、「ああっ!」とか「おおっ!」とかしか言えないようなときがあります。そういう、人間が体験する言葉にならない言葉が「根源語」だと言うのです。

次に、そこから展開していく――「文節される」と言います。はじめにわけのわからない全体としての「おお!」というのがあって、それを分けていくと「薔薇」、そして「純粋な矛盾」「幾重にも重ねた瞼の下」「誰のでもない眠りである楽」という言葉に展開されていきます。ところが、その展開されるいちばん前に「おお!」という根源語がある。これがものすごく大事なのではないか。そして、この「おお！」と言っているときは、「薔薇」という言葉もないのではないか、と言っておられます。

「おお！」としか言えないもの

このことを考えるときに、私がよく思うのは赤ちゃんです。赤ちゃんがこの世に生まれてきたときに「オギャア」と泣きます。そのときに、「大変なところへ生まれてきた」とか、お父さんの顔を見て「これがお父さんか」とか、そういうことを思いようがないのです。なぜなら言葉がないからです。

私はよく言うのですが、赤ちゃんの体験というのは、「！」です。この感嘆符でしかない。赤ちゃんは、「うちのお父さんは」と言おうと思っても言葉がないのですから、「あっ！」と思って見ているわけです。考えてみたら、「あっ！」「あっ！」の連続をやっているとも言えます。バタンと戸が閉まるたび、「ウワーッ」と泣いてみたりする。お乳をはじめて飲んだときに感激して、「お母さんのおっぱいはうまい」と言おうとしても、「お母さん」という言葉、「おっぱい」という言葉、「うまい」という言葉を知らないわけですから、そういう根源的な体験というものは言葉では言えません。

しかし、大人になるということはすごいことで、われわれは言葉をたくさん知っています。ですから、この演壇に生けられた花を見て、「あっ！」と言うと、その「あっ！」は、「きれいな花ですな」とか、「上手に生けておられますね」と、思っていることを言葉にしていけます。

だから、言葉というのはある意味で「防壁」のようなものです。この花を見たときに、花が直接に「私」に入ってきたら大変です。「この花は」と言葉で言うことは、花との間にちょっと距離があります。「上手に生けておられますね」と言うと、もうちょっと距離がある。

またあるときは、何かをやっていて、花を見ても何とも思わないときがあります。それは目に映っている花を切り捨てているのです。ところが、「この花はきれいだな」「上手に生けてあるな」と思う場合は、花が私に近づいてくるのです。そして、「やっぱりきれいだ」と思いながら、「この花は」とか、「きれい」とかいうような言葉で、私との間に適当な距離が置かれます。

ところが、見た瞬間には、「おお！」というようなものがあるはずです。ずうっとそのままやっていくとしたら、これは大変なのですが、そういう「おお！」というものがある、それが「根源語」ではないかと思います。禅はこの「おお！」というところをものすごく大事にする考え方なのだということです。

私は何者か

そういう言い方をすると、われわれがすぐ考えるのは、たとえば「私は何者だろう」というようなことです。そういうときに、「私はいま国際日本文化研究センターの教授です」というように言葉で思っています。ところが、定年になりますとそうではなくなりますので、そんな言葉は消え失せてしまいます。

そうではなくて、私が「ここにいる」ということが、「おお！」というわけです。「います」と言葉で言うのもいけない。言葉以前に、「いる」ということがぴったり「おお！」というように決まれば、これはちょっとやそっとのことではびくともしません。たとえば、私が国際日本文化研究センター教授というのにしがみついていたら、定年退官したとたんにがたがたっと参ってしまって、もうあの世へ行くしかなくなってしまうかもしれません。そういうふうに、仕事を辞めたとたんに元気がなくなる人がけっこうたくさんいます。

会社で役職についていると、偉いような気がします。「おい」と言うと、みながすぐに言うことをきくし、迎えの車も来たりする。「おれもずいぶん偉くなったな」と思っているうちに定年を迎えて仕事を辞める。そうすると、もう「おい」と言っても、みな「はあ」と言うだけで、車も来ないし、奥さんもだんだん邪魔そうな顔をしだす（笑）。

それで、「いったい、おれは何者なのか」となったときに、飾り物としてその人にくっついていたものが全部抜け落ちてしまう。そのとき、そんなものは全部抜け落ちてもかまわない、それこそ「うん」と言って、座っていたらよろしいという感じで自分というものがわかれば、これはすごいことです。ひょっとするとそういうことがわからないから、カウンセリングを受けに来ているのではないかと思います。

カウンセリングに来た人が、「うちの父親は嫌なやつだ」とか、「友だちにものすごく嫌な人がいる」とか、「社長がわからず屋で困ります」とか、いろいろ言われます。それはみな、自分というものをだれかとの関係のなかで言っているのです。

そして、社長が自分のことを認めてくれないということで、その人はふらふらになっておられる。あるいは親父が頑固だというのでふらふらになっている。そして「親父が頑固でさえなくなったら世の中はどんなに楽しいだろう」とか、「社長が私のことをわかってくれたらどんなにいいだろう」というようなことを、われわれに訴えます。われわれも一緒に考えて、社長や父親を何とか変えられないかと思うけれど、変わらないので困るのです。

そういうときにその人が本当に言いたいのは、社長やお父さんやお母さんを変えていこうというのではなくて、それらとは関係なく、自分は「うん、おれや」という感じがしっかりとつかめるようになりたいということです。しかし、人間というのはなかなかそうはいかないので、いろいろ周りのことで悩みをもって来るのだと思うのです。

われわれには「私は学校へ行けなくて困っている」というようなことを言います。けれども、いちばん根本には、この「うん」というものがあるのかもしれません。そして、本当はこの人の気持ちの底のほうにはそういうことがあるのではないか、とわれわれが知っていることは、すごく大事なことだと思うのです。そういう意味で、この「おお！」が非常に大事なのです。

はじめは「おお！」と言うだけで、言葉がない。言葉がないのなら、どんな詩もみな簡単です、「おお！　おお！」と言っていたらいい。人間がみな言葉を失って、人に会うと「おお！」とだけ言っていたらよいのですが、そこが人間の悲しいところで、「おお！」と言ってから次に言葉を言わなければならない。リルケも、「おお！」だけ言っているわけではありません。

言葉から出て、言葉に出る

リルケの言葉は翻訳のためちょっと感じが出ないので、上田先生はわざわざ訳文の下にドイツ語を書いておられます。

Rose, oh reiner Widerspruch, Lust,
Niemandes Schlaf zu sein unter soviel
Lidern.

ドイツ語があるとよくわかるのは、「薔薇 Rose」、「おお！ oh」、それから「純粋な矛盾 reiner

Widerspruch」という次に、単語としては「楽 Lust」というのが来ています。英語やドイツ語の場合は、名詞が来てそのあとに説明が来ますね。だから、「おお！」と言っておいて、薔薇というものが、純粋な矛盾でもあるし、よろこび（楽）でもあるというように、先にパッパッと名詞が来て、そのあとにだんだん説明が出てくるのです。

次に上田先生は、「言葉から出て、言葉に出る」という非常におもしろい表現をしておられます。みなさんは、これから私の言いますことを、自分がカウンセリングでクライエントに話をするときの言葉を念頭に置いて聴いてほしいと思います。

「言葉から出て」というのはどういうことなのか。薔薇を見たとき、「あっ、きれいな花だな」とか、「一本いくらだろう」とか、そういう言葉にする前に、そこからいったん出てしまう。すると、「おお！」しかないということになる。いっぺん、ぽっと離れて、つまり言葉から出てしまって、「おお！」というところに来る。「おお！」だけで止まっていたら、「おお！」ばかり言っていなければならない。ですから、次は「おお！」だけでなく「言葉」であらわします。

リルケの場合は、「純粋な矛盾」、それから「楽」というような言葉として続くのです。だから、いっぺん言葉から出て（離れて）、そして、言葉に出て（あらわす）こなくてはならない。こういう運動（循環）があるのです。これがすごく大事ではないかと思います。

日常の世界で生きる

こういうことは、カウンセリングとどんな関係があるのか。私はすごく関係があると思っています。

たとえば、クライエントが来られます。そして、こちらが「どうですか」と言うと、「この頃、学校へ行っていないんです」というようなことを言われます。そのとき、「そうですか、いつから行ってないんですか」とか、「なんで行けないんですか」と言う人は、言葉から出ていないのです。クライエントの言った言葉にくっついて言っているわけです。「学校へ行っていない」と聞いて、「この子は学校へ行ったほうがいい」と勝手に決めているのです。そのように決めてよいのかどうかはわからないです。そして、もっとひどい場合には、「学校へ行くのを助けてあげよう」とまで思うわけです。これはクライエントにとってははなはだしいことです。その線に沿って、「いつから学校に行ってないの」とすぐに聞こうとするのは、言葉から出ていないということです。

「言葉から出る」というのは、「ぼくは学校へ行ってないんです」と聞いて、「学校」や「ぼく」ということから離れて、いっぺん外へ出るということです。離れて、「おお！」と思わないといけないのです。「おお！」というところへ出てから、その次に、もの（言葉）を言っていかないといけない。

ただ、次にどう言ったらいいのか、これは、すごく難しい。「私は学校へ行ってないんです」という言葉から出て、「いやあ、よい天気ですね」と言うのは、もし本当にそう思うなら、おもしろいかもしれません。私も、でき得るかぎりそうしたいなと思っています。でも、あまりできない。とても難しいことです。

どういうことかと言うと、われわれは禅の坊さんではありませんし、先ほどから言っているように禅を何も知りません。「学校へ行ってない子は、行ったほうがいいな」というのは、たくさんの人が思っていることです。たまに、「学校へ行ってない子は、行かないほうがいい」と思っている人もいますが、だいたいは行ったほうがいいと思っている。そして、親もそう思っています。時には、行っていない本人も行きたいと思っています。

そういうときに、「そんなに思ってるんだったら、学校へ行く方法も考えてあげたいな」、あるいは「ちょっと私がその助けになったほうがいいだろうな」と思うのは、普通の日常の世界の感覚です。非常に大事なのは、カウンセラーはこんなふうに日常の世界にも生きているということです。われわれは、べつに禅寺で一人座っているわけではなくて、毎日普通に暮らしていますから、端的に言うと俗人なのです。宗教家ではなくて俗人です。

俗人である私は、学校へ行っていない子が来ると、「ああ、この子、なんで行かないのだろう」とか、「やっぱり、学校には行ったほうがいいな」とか思います。それは嘘ではないのです。嘘ではないけれど、そればかりやっていたのでは、やはりカウンセリングとしては話にならない。これがカウンセリングの非常に難しいところです。その証拠に、そればかり考えて一生懸命になっても、だいたいクライエントの役には立てません。

日常から外へ出る

私のところへ来る人は、私のところへ来るまでに、たくさんの人がその人を助けようと思って頑張っています。学校へ行っていなければ、タクシーに乗せて無理矢理連れていくとか、いろいろなことをやっているわけです。やってみて、みんなうまくいかないので私のところへ来る場合がほとんどです。「助けてあげよう」「何とかしてあげよう」という考えでやって解決できるような人はめったに来ません。そういうやり方は、私のところに来る前に、みんなほかの人がやっています。もうそれでは助からない人が来るわけです。

これは一度、外へ出ないといけない、と私は思ったわけです。「出る」ということは、「おお！」と言うことです。その子が学校へ行っていないということを、いっぺん外へ出て見てみるということです。

そして、次に何を言うのか。この言葉がものすごく難しい。なぜなら、そこに来ている人と話をしないといけないからです。たとえば、その人が高校生なのか、大学生なのか、あるいは小学生なのかで、話すことは違ってきます。

リルケの場合は、だれかほかの人に言ったのではなくて、自分に対して言っているのです。「薔薇」というものを「純粋な矛盾」とか「楽」というような言葉であらわして言ったわけです。しかし私は、半分ぐらいは日常の世界で常識的に生きていますから、リルケのようにやろうと思ってもなかなかできません。そういうことで言えたら言ってあげたい気持ちも起こるし、やっぱりそれだけではだめだという気持ちも起こる。それで言葉に詰まってしまうことが多いです。

だからわれわれは、普通、相手が言ったのと同じことを反復することがよくあります。たとえば、「私、学校へ行ってないんです」と言われると、「いつから」「どうして」とは言わないで、「ああ、学校へ行ってないの」と言うことが多いですね。なぜかと言うと、せめて馬鹿なことは言わないでおこうということです（笑）。わかったようなことで妙なことを言うぐらいなら、そのあたりにしておくということです。

言葉のない体験

ところが、言われた側に回ってみるとわかりますが、同じことを言われると何とも言えない感じがするのです。普通の対話、日常の対話というのはめったに同じことを言いません。「学校へ行ってないんです」と言うと、「いつから」とか、「なんで行ってないの」と言うのが普通です。

ところが、「学校へ行ってないんです」と言ったときに、「ふーん、学校へ行ってないの」と言われると、自分で言った同じ言葉が自分に返ってくるわけです。これは、すごくおもしろい対話になります。自分の言った言葉ともう一度対話しなければいけないようになる、ということです。

普通の人間の対話は、早く動こうとしすぎて足をすくわれてしまいます。そうではなくて、言われたところにそのまま言るのです。馬鹿なことを言うぐらいなら、言われたことをそのまま言い返すほうがいい。しかし実際には、はじめからそういうことはできません。長くカウンセリングをしていると、非常にうまくいった場合に、ときどき「おお！」に始まって、次に言葉から出て、最後に言葉が出てくるようなときもあります。

私のカウンセリング体験

私も、訓練のためにカウンセリングを受けたことがあります。アメリカでも受けましたし、スイスでも受けました。アメリカ人やスイス人の先生でしたが、そのときに先生がされたことをいまから思うと、「本当に禅の老師と似たようなことをやっておられたな」と思うときがあります。

いまでもよく覚えていますが、私が一生懸命になって、こういうことをしたいとか、こんなことを頑張ってやりたいとか、こういうふうにやっていきたいんだとか、いろいろと話をしました。そのとき先生は窓の外を見ておられたのですが、何を言われるのかと思ったら、「見てごらん。

夕日がきれいだ」と言われたのです（笑）。それで、「ああ、きれいですね」と一緒に夕日を見ていたのですが、それなどは完全に禅問答です。

私の言ったことに直接答えが返ってくるのではなくて、そこから出たわけです。そして、外を見ながら、「夕日がきれいだ」と言われた。私も「きれいですね」と言って一緒に夕日を見た。私が一生懸命になって言ったことは全部消えてしまいます。

要するに、急に張りきってあれしたい、これしたいと言っても、そういうことは夕日に比べたら小さいことで、すーっと消えてしまう。その先生は禅の先生ではないのですが、長い間分析をしておられて、自然にそういうものが身についておられたのではないかと思います。そういうところがすごくある人でした。

あとから考えるとすごいなと思いましたが、先生はべつに、そのとき意図的に「こいつ、大きい話をしているから、いっぺん夕日でごまかしてやろう」（笑）と思ったわけではないのです。もしそうなら全然迫力がなかったと思います。何か言っているうちに、夕日を見たらきれいだったのでそう言われた。それだけのことでありながら、どこか「出て、また帰ってきている」というところがあるのです。

そういうところが、カウンセリングの非常におもしろいところで、いっぺん出て、しかし出ただけでなくて、やっぱり言葉に出る、言葉に帰ってこなくてはならない。おもしろい言い方ですが、そこのところをよく考えてほしいと思います。

純粋な矛盾

上田先生はこういう言い方もしておられます。まず、「薔薇」と言い、この薔薇を「純粋な矛盾」と表現している。それはなぜ矛盾なのか、なぜそれは純粋なのか、と。薔薇はどうして矛盾であり得るのか。こういうことを突き詰めていくと一つの哲学ができるかもしれません。「薔薇」と言って、それは「楽」であると言う。「なぜ薔薇が楽なのだろう」ということを突き詰めていくと、またそこから文学が生まれたり、詩が生まれたりするかもしれません。実際、哲学も、文学も、詩もみなそのすべての根源のところに、この「おお！」というのがあるのだ、と私は思います。

カウンセリングもそうだと思います。カウンセリングに来た人が、家族のことを言ったり、友だちのことを言ったりするのを聴きながら、われわれは考えます。ここで人間関係がどうなっているのかといろいろ考えてみたり、あるいはこれはこの人が子どものときに体験したことではないかと思ったりしますが、それはあとで出てくることです。その前に「おお！」がなければいけない。いちばんはじめに言葉のない体験から離れてしまっていたら、いくら勉強してもだめなのではないか。そういうことをこれはすごくよく教えてくれていると思います。

言葉にとらわれすぎない

その次に、「言葉に出てくる」と言うのですが、われわれは、心理学の言葉や理論をある程度知っているわけです。そういう心理学の理論に基づいて考え、「解釈する」ということを考えてみます。

「解釈をする」ということのほうに力点がかかってしまいすぎる人は、下手をすると、「おお！」のほうがだんだん薄くなってしまうのではないかと思います。つまり、どこかで勉強してきて、何かを覚えると、それを使いたくなってしまうんですね。たとえば、「自我防衛」というような言葉を覚えてくると、何か言うと、「それは、あなた、自我防衛じゃないですか」というようなことを言いたくなってくる。何でもそのように聞こえてくるので、そう言いたくなってしまうのです。

そういうことを言いたいと思う人は、言葉から出ていないということです。「自我防衛」という言葉に自分がつかまってしまっている、ぶらさがってしまっている。あるいは、「無意識」という言葉を好きになっている人もいるし、「抑圧」や「自己実現」という言葉が好きになっている人もいるかもしれません。

そういう言葉を好きになると、その言葉から離れず、すぐにそれを使いたくなってくるのです。そういう言葉を使って、解釈をしてあげたら相手は喜んだと考える人は、言葉に自分がぶら下がりすぎているのであって、こういうことは本質的に間違っていると私は思います。むしろ、そういうことから出なくてはいけない。

そうすると、「おお！」がいちばん大事なのだから、「おお！」と言うためには、言葉はわからないほうがいいのではないか。何も勉強しないで、「おお！」の練習だけしたほうがよい。カウンセリングの練習というのは、何を見ても「おお！」と言うことだ、となる。ところが、これが人間の非常に難しいところで、「おお！」と言ってから、次に「言葉に出て」いかなくてはなりませんから、そのためにはいろいろ知っていないといけないのです。いろいろなことをいっぱい知って、そのうえで「おお！」とならないといけない。それこそまさに「矛盾」です。ここのところが非常に難しいところです。

だから、われわれはやはり、どんどん勉強しなくてはなりません。どんどん勉強をしていろいろなことを知らなくてはならないけれど、知っていることにとらわれてしまわないようにしなければいけないのです。そこのところを、上田先生は「言葉から出て、言葉に出る」という非常におもしろい言い方をされたわけです。言葉で言っているけれども、あまり言葉を喜んで言っていると、根源から離れてしまう危険性があるということを言っておられるのです。

これは確かにそうですね。何か物事をよく知っていていろいろ説明してくれて、わかっているようだけれどだんだんわからなくなってきたり、理路整然としているのに何か浮き足立つ感じがする、ということがあります。それは言葉にとらわれすぎて、根源から離れているからです。そうかといって、根源にくっついていなければならないというので、ただ黙ってばかりいたのでは、人間は満足ができないという難しさがあります。カウンセリングでクライエントと話し合いをしているときに、一度、「自分は『言葉から出て、言葉に出る』というような応答をしているだろうか」ということを考えてほしいと思います。

自分の言葉でものを言う

次に問題なのは、「言葉から出て、言葉に出る」と言っているけれども、それはあくまで自分がやることとです。「おお！」というのは自分の体験ですから、それを言う自分（主体）というものがすごく大事になってきます。もう一つ大事なのは、主体だけではなくて相手もいるということです。主体である私の体験を、言葉で相手にわかってもらわなくてはならない。ここに、さらに難しさがあります。つまり、だれにでも通じる答えはないということです。

私が会っているクライエントがいて、主体としての私の言うことが、そのクライエントに通じないといけないという非常に難しい問題があるのです。あるとき、ある人にすぐに通じたことがべつの人には通じないということが起こったり、失敗したりするわけです。

今日の私の話を聴いて、「いいことを聴いた。今度、夕日の話をしよう」と思ってやってみたけれど、「残念ながら朝日でした」というのでは困るのです。だれと、いつ、どんなふうにやっているかが大事で、それが自然科学と非常に違うところです。

自然科学は、だれに、いつ、どこでやっても同じように通じます。たとえば、自動車を運転するときに、アクセルを踏んでも人によって動いたり動かなかったりするということはありません。言うとおりにすれば、言うとおりにいくというのが自然科学です。

それに対して、われわれのやっているカウンセリングは、「人間」対「人間」ということが入ってくるから難しいのです。そのとき、カウンセラーは「自分の言葉」でものを言わなくてはならない。そしてまた、クライエントにも、「自分の言葉」でものを言うようになってもらいたいのです。

言葉を鵜呑みにしない

それについて、やはりこの本の中に、おもしろいことが書いてあります。禅では、「言葉についてまわってはならない」ということがよく言われます。『般若心経』の中にある言葉からその例が挙げられていますが、目も耳も鼻もないと書かれているところがあります。一切「空」というところです。

お経であれば、「無《む》限《げん》耳《に》鼻《び》舌《ぜっ》身《しん》意《に》無《む》色《しき》声《しょう》香《こう》味《み》触《そく》法《ほう》……」となるわけです。人々は、「ああ、よいお経を唱えられてよかった」「今日は三回唱えた」とか、「今日は百回唱えた」とか言って喜んでいるわけです。そのうちにある坊さんが、お経のそこのところで急に顔をなでてみた。すると、「鼻があるではないか」となった。お経には目も鼻も口もないと書いてあるのに。そこで、自分の先生に、「ちょっと待ってください。いま、顔をなでてみたら、鼻も、目も、口もありますけど」と言います。すると、先生もすごくびっくりして、「ほんとにあるではないか」となって、その先生はもういっぺん禅をやり直すことになったということが書いてあります。

これは、「言葉を鵜呑みにしてはいけない。鵜呑みにしないで、自分のこととしてやってみなさい」と言っているのです。お経に「ない」と書いてあってもなでてみたら「ある」。そこで、「お経が間違っている」と言うのは浅はかです。なぜなら、自分の「この身」のことだけで考えているからです。そうではなくて、お経ではそう言っているが、自分はこうなっている。両方が違ったところで、「ではどうするか」「どう言うか」ということは、自分のその体験の中でやってみなくてはならない、ということです。

カウンセリングを勉強するうえで、たとえばフロイトの本を読んだり、ユングの本を読んだりするとき、いま言ったようなことが非常に大事になります。フロイトが「エディプス・コンプレックス」ということが書いてある。「息子は父親と敵対関係にある」ということを言っています。そのときに、「ああ、これがエディプス・コンプレックスだな」というような読み方ではだめなのです。「自分の心の中にそれがあるかどうか」を試してみることが大事です。「本当にあるのかどうか」「どの程度にあるのか」、もしないなら「自分にないのに、フロイトは何故こんなことを言うのか」というように、本に書いてあることや言葉を鵜呑みにしない。本を読んで、「自分にとって、それはいったいどういうことなのか」を考えないと、その言葉が意味をもちません。

ここで、上田先生は非常におもしろいことを書いておられます。たとえば先ほど、「鼻はない」というように書いてありました。しかし、書いてあっても実際にはあるわけです。すると、言われていることはすぐに何か疑問に通じて、「あれれ」となってくる。この「あれれ」というのがすごく大事だ、というのです。

「あれれ」と思いながら話を聴く

クライエントは、こちらが話を聴いているとずうっと説明されます。「自分は一生懸命やっているけれども、お父さんが頑固者でわからず屋だからうまくいかない。どうしたらよいでしょう」というように、もうどうにもならないという感じで話します。

そのまま話を聴いていると、これはお父さんが変わらなかったら、この人はよくならないように思える。しかし、そんな頑固なお父さんがそう簡単に変わるはずがないし、それならもうどうしようもない、お父さんが死ぬのを待ちましょう、ということになってしまう。けれども、われわれはそうは思わずに、そのまま聴きつづけます。なぜかと言うと、クライエントの言っていることがみな、「あれれ」付き、つまり疑問に思えるということです。

クライエントは「お父さんが頑固だ」と言っているけれど、もしかしたら頑固ではないかもしれない。あるいは頑固とはいったいどういうことか。さらに、「お父さんは……」とわかったようなことを言っているけれど、お父さんとは何者だろう。それから、「頑固な父親をもって私は苦労しています」と言っているけれど、その人の言っている「私」とはいったい何者なのだろう。「私とお父さん」と当然のように言っているけれど、お父さんも「あれれ」だし、私も「あれれ」だったら、これは実際どうなるのか。クライエントの言っていることに、「あれれ」が付く。これがすごく大事です。そう思って聴いていないといけないし、そう思って聴いているから、われわれはカウンセリングができるのです。

クライエントのなかに、「私は、親の愛情を知らないんです」と言われる人がいます。実際、そういう気の毒な人がいます。自分が生まれたときにお母さんが亡くなられ、お父さんが再婚されて、しばらくして、そのお父さんが蒸発してしまったというような人もおられました。「お母さん」と呼んで一緒に住んでいるのは、まったく血のつながりのない人です。そして、そのお母さんにも何かがあって、その人を施設に入れてしまった、というようなことがありました。

その人は、「いったい自分はだれを信じたらいいいんですか」「親の愛情も知らない者が、何を信じられますか」と言いました。「先生、私が悪いことをしても当たり前でしょう。何にも信頼できないんだから」と。私は、「そうですね」と言いました。「私がお父さんになりましょうか」と言うわけにもいかない。死んだお母さんを生き返らせることもできません。どこかへ行ってお父さんを捜してくることもできません。

そういうときに、なかには一生懸命になってお父さんを捜してくる人もいるのです。捜してきてよけいに悪くなることもあります（笑）。一生懸命捜して会いに行くと、変なおじさんが出てきて、これが親父かと、わかってげっそりするということもあります。

われわれはそういう人に会って、みんな「あれれ」付きで話を聴いているのです。「お母さんが亡くなった」と言われるけれど、そのお母さんっていったい何なのだろう。その人は、「何も愛情を知らない私」と言っているけれど、その「私」というのは何なのだろう。そんなこと決まってしまっているのだろうか、と思っているわけです。そういうことをわれわれが腹の底でどこまでわかっているかということが勝負だろうと思うのです。

そして、もっと難しいのは、その「あれれ」というのを、その人にどう伝えたらよいのかということです。私からこういう話を聴いて「なるほど」と思ったからというので、そのまま言ってみてもしようがないわけです。

「それで?」が自分に突きつけるもの

そういうとき、私はどうしているかと言いますと、クライエントが「お母さんが亡くなった」とか、「お父さんが出て行った」とか、「もう、残念でたまりません」とか、「すごくつらいんです」と言われるときには、「つらいでしょう。それは大変でしょう」と言います。私はそういう人生を送ったことがありませんから、「それは本当に大変だなあ」というところに一緒にいます。けれども、その人とちょっと違うところは、一緒にいながら「あれれ」と思っていることです。

私はこの人はこんな大変な体験をしてつらいだろうなと思いながら、「いったい、人間にとって父とは何か、母とは何か、そもそも、私とは何なのか」と心の中で思いながら、そこにいるということです。すると、やはり何かが変わってくるのです。もちろん、それを言葉ではっきり表現したほうがよいときがあるかもしれません。それを、表現できて相手に通じるときはそうです。

私がアメリカにいたときに、大学院のすごく優秀な学生だったアメリカ人の友人から聞いた話です。私はアメリカにいたあと、チューリッヒに移ったのですが、友人はアメリカで早々に博士になって、その後、分析を受けるために私のいるスイスへやって来ました。そして、私と同じ分析家のマイヤー先生のところへ行ったのです。

後日、そのときの話をしてくれましたが、本当に傑作でした。友人はアメリカ人ですから、マイヤー大先生に会って、まず自分はどんなふうにアメリカで頑張ってやってきたかということを言わなければいけないと思って、「私は○○大学を出て、何歳で博士号を取って、こういう論文を書いて、こういうことをやって……」と自分のこれまでやってきたことを一気にしゃべったのです。マイヤー先生はそれを聞いていて、一通り終わったところでどう言ったかと言いますと、「それで？　So what?」と言ったそうです（笑）。「その一言でいっぺんに参ってしまった」と友人が言っていました。

要するに、自分の言ったことは、「それで？」の一言で全部つぶれてしまった。「それで、おまえは何なんだ」ということです。博士号を取ったとか、大学を出たとか、そういうことがほとんど全部ゼロになってしまう。そのときに、「そんな大きいこと言っても……」とか言うのではなく、ただ一言、「So what?」と言うだけで、もうペシャンコにつぶれてしまう。

しかしそれは、マイヤー先生が、「この人にはそう言って大丈夫」「通じる」と思うから言ったわけです。だれにでも、そう言えるわけではないと思います。そういうことを言っても通じない人もいるし、ペシャンコにすることによって悪くなる人もいるからです。

私の友人の場合は、いっぺんペシャンコにつぶれてそこから立ち上がることにこそ意味があると思っているので、一言で通じました。普通だったら、「So what?」と言われてもつぶれないかもしれません。逆に言うと、その一言でつぶれるところが、その友人のすごいところです。

そういう会話ができるということは、この話をする主体の体験として、友人が、博士とか、大学とか、地位とか、金とかというものを、「そんなものは」と腹の底で思っているということがあるからです。そういうことをわれわれがどれだけもっていて、しかも言葉にして言えるかということです。しかも、言ったことがみんな「あれれ?」と疑問符になっている。「いったい、大学を出たからそれが何だ」ということです。「博士って何だ」と、いちいちそんなことを言わずとも、「それで?」と凝問符になって出るわけです。そうすると、いままで自分にとってわかりきっていたことが疑問符になってはね返ってくる。もういっぺんやり直さなくてはならない、もういっぺん考え直さなくてはならない、あるいはもういっぺん自分の体験を深めねばならない、ということになります。

禅の言葉というのはこういうところが、すごくおもしろいですね。

言葉にならない言葉がやって来る

その次に、上田先生が書いておられることでおもしろいのは、禅の場合、「大悟一番」と言って悟るところがありますが、禅の偉いお坊さんが悟られるところがよく出てきます。悟りの話というのは、読んでいておもしろいのですが、あまり参考にはならないです。前にも言いましたように、真似をしても仕方がないからです。

たとえば、あるお坊さんが座禅をしてもなかなか悟れない。「おまえの本分は何か」と問われているのですが、長い間悟れなかったのです。自分の本分は何か、いくら考えてもわからない。それで、長い間座禅をしていましたが、ある日、草刈りをしている最中に、瓦が出てきたので瓦のかけらを掘りだした。掘っていると、そのかけらが竹に当たって「カチン」と音を立てた。そのときに、その人はワハハッと笑って悟ったというのです。

禅の話にはそういう話が多いです。「カチン」と音がしてワハハッと笑って、そしてわかった。それは次に言葉になります。「大悟一番」したことはまさに言葉に出てくるわけですから、必ず言葉になります。鍵の束をほうってガチャッと音がしたときが契機になるとか、「これはいったい何なんだろう」というようなことが禅にはたくさんあります。

そのとき、腹の底で「うん」とわかるわけですが、ここでおもしろいのは、「うん」とわかるその始まりが、「カチン」という音とか、先ほどの「So what?」のように、瞬時に言われた一言などというのが来るところです。この外から来たものが、その人（主体）に「うん」とわからせる。何かを聞いてワハハッと笑うというのは、腹の中から出てきます。この中から出てくる笑いと、外からの「カチン」とがうまく合う。ここのところが非常におもしろいということを書いておられます。

言葉にならないような、言葉のようなものが不意にやって来て、いままでの自分が破られてしまう。べつに悟りを開いたわけでもありませんが、われわれで言うと、何か物事が前よりもはっきりとわかる。「ああ、こんなことで細々やっていたのか」「何だこれは」と霧が晴れるようにわかることがあります。

一度つぶれて次に展開する

それはどういうことかと言うと、われわれはたいてい、ある種の体系をもって生きています。それを人生観とか、世界観とか言います。だれであれ、みな自分の人生観をもっています。そして、それを頼りにして生きているわけです。

ところが、「カチン」と音がして、いままで頼りにしていたものが、つぶれてしまうのです。そしてそこで、ワハハッと笑いが出てくる。体系がガシャンとつぶれ、そのつぶれたところからまさに、もういっぺん次のものが出てくるところで「言葉」になるわけです。「あったものがつぶれて、次に展開する」という言い方をすると、われわれがカウンセリングでしていることとすごく関係が深いのではないかと思います。

これを、クライエントのことで言うと、クライエントもやはり、自分なりの体系をもっているのです。そうして生きてきたけれど、その体系ではもうにっちもさっちもいかなくなって、われわれのところへ来ておられるのです。

ですから、その体系のままで、「どういうふうにしましょう」と言うのではなくて、やはりどこかでこれがガシャンとつぶれないといけないのではないか。このつぶれる契機のようなものを、外からわれわれがうまくつくれると非常によいわけです。先ほどの「So what?」ではないけれど、そういう契機となることを入れられたらよいのですが、これはなかなか難しいことです。

しかし、われわれカウンセラーは、本当のところはそういう役割も担っているのではないかと思っています。クライエントが来られたら、その人の考え方、その人の生き方で上手に周りを変えていくというのではなくて、その人の生き方、考え方がガシャンとつぶれて、そして新しいものが生まれてくる。そうしたつぶれる契機、チャンスをカウンセラーが与える役割をするということもあるのではないかと思います。

ただ、われわれは、禅のお坊さんのように、自分が悟っていてそれを言うわけではないので、なかなかうまくはいかないです。けれども、そういうこともあり得るし、そういう役割を果たすことができるのではないか、とは思っていたほうがよいように思います。

沈黙がもたらすもの

「いっぺんガシャンとつぶれて、もういっぺんつくり直す」という言い方をしましたし、あるいは「言葉から出て、言葉に出る」というような難しい言い方もしましたが、その間の何もないところに「沈黙」があります。「言葉から出て、言葉に出る」という間に、沈黙がある。あるいは、それまでの体系がガシャンとつぶれるところで「沈黙」がある。そこから新しいものが生まれてくるときに「言葉」が生まれるわけです。この「沈黙」は、カウンセリングでも非常に大事なものだと思います。

カウンセリングをしている人は体験しておられると思いますが、クライエントがふっと黙って、そしてそのあとで、「うん」と言うことがあります。カウンセリングの場合、対話の間、私が無理に禅の老師の役割をして、クライエントに何かうまく言わねばならないと思わなくても、クライエントが自らわれわれを使いながら上手にやられます。ここがおもしろいところです。

ある大学生が来て、自分の父親がどんなに悪いかということをすごく言う。私はそれに対して何も言わずに、一生懸命に聴いています。一生懸命に聴きつづけて、一通り言い終わってもまだ私が聴いているものですから、その人はだんだん元気が出てきます。

それで「あんな親父はもういないほうがましだ」とか言うわけです。そう言われて、私はそれに対して、「ああ、あんな親父は、もういないほうがましですな」と答えます。それ以上は言いません。

ところが、そこまで言ってしまうと、その人は沈黙します。しばらく黙っていて次に、「あのう、授業料を出しているのは親父なんですけど」と言ったのです（笑）。「授業料も生活費も、親父が出しています」と言うので、私は、「ああ、あんな親父、もうおらんほうがましだけど、まあ、生活費は親父が出している」と、その人が言ったのと同じことを言います。クライエントは、自分で自分を壊すことを言っているわけです。これがすごくおもしろいところです。

一発くらわしてつぶすほどの力がクライエントになくても、カウンセラーがその人の言うことを一生懸命聴いていると、その人の心の中でそれが始まっているのです。言うだけ言って、沈黙の中から次に進むことを言って、また沈黙するということが起こるのです。心の中で何か新しいことが出てこようとしているんですね。

その人の場合おもしろかったのは、その回はそこから次にあまり進展しないままで終わって、そのあと用事があって郷里へ帰ったのです。するとお父さんから電話がありまして、「先生にすごくお世話になってるようですね」と言うので、「いや、ちょっと話はしていますが……」と言うと、「先生はどういうしつけをうちの息子にしてくれたんでしょうか。すごく礼儀正しくなりました」と言われるのです。

気づきの場を提供する

それで、「どうしてですか」と聞きますと、息子はそれまでは家に帰ってくるとき電話をかけてきますが、「何時に着く」と言うだけでした。親父さんは息子の言ってきた時間に駅まで車で迎えに出るわけです。そして、息子の荷物を車にのせてやっても、何も言わず平気で座って一緒に車に乗って帰ってきていた。

ところが今回は、「帰る」と連絡してきたときに、「何時に帰るので、すまないけど迎えに来てくれるか」と言ったそうです。お父さんは、何か風向きが変わったなと思って、迎えに出て荷物を持とうとしたら、「ありがとう」と礼を言われた。それで、「これは、大学の先生に、すごい礼儀やしつけをされたらしい」と思われたようです。だから、私に「どんなしつけをしていただいたんですか」と言われたのです。でも、私は何もしていない、ただ話を聴いていただけです。

それでは、何が起こったのか。言うなれば、その人は自分で問答をしていたのです。私に「あんな親父、死んでしまえ」と言いながら、言ったあとで「その親父が、自分の授業料も生活費も全部面倒みてくれているんだ」と問答をして、自分で考え、また考えしながら電車に乗って帰ってきたので、父親に対してすっかり態度が変わったのです。

つまり、その人は「親父は、おれのことを世話して当たり前だ」という世界に住んでいたのですが、自身で「言葉から出て、言葉に出る」、つまり「親父も一人の人間だし、自分も一人の人間だ」という世界に出ることができたのです。すると、「一人の人間」と「一人の人間」の間でお礼を言うのは当たり前です。自分はいままで何をしていたのか、と考えたのだと思います。

私はべつにその人に何かを教えたわけでもないし、何かを言ったわけでもないけれど、その人がいま言ったようなことをする場を提供した、ということにはなると思います。そして、家へ帰る用事がちょうどあって、お父さんが迎えに来てくれたので、「ありがとう」と言った。それこそお父さんが、「おお！」という体験をされたのです。

そういういろいろなことを見ていて、一人の人が変わっていくうえで、カウンセラーは一つの場を提供しているけれども、実際には、いろいろなことが全部協力し合ってその人が変わっていくのを助けている、と私はよく思います。そのお父さんも、ちょうどよいときに出てくる。何かいろいろな人が、うまく出てくるんですね。私が何かしてあげるということはほとんどないのですが、周りにいろいろな人がいて、それらの人やものが全体としてうまくかみ合っていくという感じがします。

行動の中に言葉がある

ちょっと話がずれるようですが、禅のおもしろいところは、先生が言葉で教えなくても、それはちゃんと伝わる、いろいろなことがその人に伝えているのだ、というような考え方をするところです。この本の中にも、そういう例があります。

「ある禅の老師が話をしようと思って壇の上へ上がられたら、鳥がさえずり出した。老師はしばらく鳥の声を聴いていて、何も言わずに壇から降りた。そして、『ああ、今日は鳥が説教してくれた』と言われた」ということが書いてあります。鳥のさえずりがみんなに何かを話しかけている。いま、(会場の中庭で) 鳥が鳴いてます。ちょうどいいですね。これで、私は壇を降りたらいいのです (笑)。

よく知られていることですが、山岡鉄舟という人は禅に造詣の深い人でした。山岡鉄舟のところへある人が来て、「先生のお考えを聞きたい」と言うと、「じゃあ、どうぞ」と道場に通します。山岡鉄舟は剣道をやる人ですから、竹刀をとってパンパンッと打ち合いをします。そのあと「どうですか、私の考えは」と言った。つまり、言葉で言わなくても、剣を交えるとみんなわかるだろうということです。つまり、そういう行動の中にちゃんと言葉が入っているという感じです。これはすごく大事なことだと思います。

禅問答に学ぶ

私は、カウンセラーは「行動で示す」というようなことではないけれど、私の生き方と私をとり巻くすべてのもの、それこそ鳥も含めてそういうもの全部で、クライエントに話しかけている、周りのことを全部利用していくのだ、というように考えるべきではないかと思っています。

それから、上田先生が禅問答について書いておられるなかで私が非常におもしろいと思ったのは、禅には禅独特の話の仕方、言葉があるという点です。難しいのですが、著語《じゃくご》(短い語句が自分の宗教的理解を示す) や拈弄《ねんろう》(公案を自由に批判して見解を示す) というような言葉です。

昔から、禅問答には有名なものがいっぱいあります。非常に有名な禅問答ですと、「如何《いか》なるか是れ祖師西来《こそしせいらい》の意《い》」。つまり、「達磨が西方インドから中国へ来たのはどうしてか」という問いです。達磨大師はどうして来たのかという問いに、ものすごく有名な答えは、「庭前《ていぜん》の柏樹子《はくじゅし》」というような言葉があります。つまり、「庭の柏の木」というのです。これが、いったい答えなのかと思うのですが、これが禅問答なのです。

そういう禅問答があったときに、この禅問答に何かあとで言葉をくっつけて言う、あるいはちょっとこね回す。それをこね回して言うのも傑作です。たとえば先ほどの問答、「如何なるか是れ祖師西来の意」というのに、「庭前の柏樹子」とある。するとその横に、「こんなもの、よくある話だ」と書きつけておくのです。

要するに、つけ加えておもしろく書いてあるので、「やじ」みたいなものだと書いておられます。問いがあって答えがあったとして、「これは、本当の深い意味はここにあります」とか、「これは、こういう答えなので、こうなのです」とか、「ここからどう考えますか」というふうにはならないのです。そこへポンと「やじ」を入れる。すると、そこからまた新しいことがポンと開けてくる。そういうやり方が、「著語」や「拈弄」だというのです。言葉と言葉の問答があったら、それをどう説明するか、どう解釈するかなどと言わずに、そこへ入り込んでやじったらいいという。これが禅のやり方なのです。

思うに、クライエントがしゃべったときに、「そういうふうに言っておられるのは、それはお父さんとお母さんの関係が問題じゃないですか」とか、「そんなことを言っているけれど、あなたのこういう姿勢が問題じゃないですか」と言うのは解釈ですね。そうではなくて、クライエントの言ったことに、この著語や拈弄のようなものをやってみると、すごくおもしろいのではないかと思うのです。そこに自分も入り込んで、やじを入れるようなものですから。要は、そういうものの言い方ができるだろうかということです。

いまはすぐに思いつきませんが、私はときどき自分がそれらをやっているように思います。いつも、相手の言うことにそのままくっついて行ったりせずに、あるいはやっていることが何かを説明してあげたり、解釈してあげたりするのではなくて、自分もそこへ入り込んでいく。

しかし、先ほどの学生の例はどうかと言いますと、「あんな親父、いないほうがましだ」と言ったのに、そのすぐあとで、「授業料も生活費もお父さんが出している」と言った。そのときに私が、「あなた、話が矛盾してるじゃないですか」とか、「あなたは、そんなお父さんに世話になりながら、死んだほうがましだなんて言うんですか」と言ったとすると、それはその人の言葉に対する私の解釈、あるいは私の意見です。

そうではなくて、その人が言ったときに、その人が言ったまま、「あんな父親は死んだほうがましやと思っているけど、まあ、お金は出してくれるし……」と言ったのは、考えようによると、著語や拈弄に近いのかもしれません。

私と、私の知らない私との対話

ただ、私は、そのときの態度がものすごく大事だと思うのです。話を聴いている私にも矛盾はいっぱいあるわけです。お金は欲しいけど働きたくないとか（笑）、いっぱいあります。そういう人間としてそこで発言するというのと、外から見て「おまえの矛盾を指摘する」というのとでは違います。

だから、同じようなことを言っていても、私がどんな態度でそこにいるのかということによって、それは解釈になったり、なかなかおもしろい著語になったり、拈弄になったりするのです。

先ほど言いましたように、私の友人が自分の履歴を言ったのに対して、マイヤー先生が「So what?」と言ったのはすごくおもしろいのですが、そういう気のきいたことをしようと思うとかえって失敗しますから、われわれにはできないとしても、この人と同じ舞台の上に私も乗っていて、似たようなことをいっぱいやっている。けれども、かたちが違うのです。

その学生は、お父さんのことを「死んだほうがいい」と思っているけれど、「金を出しているのはお父さんだ」という矛盾の中に生きている。私も違うところでものすごく似たようなことをやっているわけです。

だから、禅問答と言いますけれども、禅問答も本質的な対話であると考えると、私は同じことだと思うのです。本質的な対話というのは、私とその人がやっているということもあるし、私が私の中でやっているということもあるわけです。

私も、「どうにもならない私」というのがあるわけだし、「どうしようもない私」とか、「私もまだわからないような私」というものもいるわけで、そういう私が私の心の中で対話しているということと、私がこの人と対話をしているということとは、ほとんど一緒ではないかと思います。

そして、もっと言うと、そういう人が私の前に来られて話をされるということは、その人が私に、先ほどから言っているクエスチョンマーク（疑問符）を与えてきているのと同じことではないか。

いろいろな人生があるのに、ある人がわざわざ私の前に来て、父親に対する自分の葛藤や苦しみを訴えるということは、私も何かクエスチョンマークをもらっているのです。クライエントのほうが私の先生のようなもので、私自身が、「いったい、私の親父とは何か」とか、あるいは私も親父ですから、「ぼくは本当に親父と言えるか」とか、みんな自分に返ってきているのです。

だから、そういう問いに対して、自分も何か答えていかねばならないと考えると、私とクライエントとの対話でありながら、結局は、「私と、私の知らない私との対話」というようにも言えると思います。

そういうところから、禅のなかで問答が非常に重要視されるし、問答が普通の対話とかけ離れたように見えながら、深く追求していくと、われわれがしていることと似たようなものになるのではないかと思っております。

今日お話ししたことは、この本に書いてあるほんのとっかかりと言いますか、表面的なことを話しただけです。できればお読みになって、もっと深め体験をしてほしいと思います。そして、われわれのやっている仕事は、日常的な仕事をしているようでありながら、非常に深いところでこういう宗教性につながるような、そういう仕事をしているのだという自覚も必要ではないかと思います。これで、今日の話を終わらせていただきます。ありがとうございました。

第4章　日本中世の物語の世界

大変暑いなかをたくさんの方に来ていただき、一時間半も話を聴いていただけるので、とても光栄に思っています。今日は、日本の中世の物語からお話をしようと思います。

日本の中世にはたくさんの物語があって、よく知られているものとしては『今昔物語』がありますす。『今昔物語』は非常にボリュームがありまして、今日お話しする『宇治拾遺物語』のほとんどの話が、『今昔物語』にも載っています。今日は一冊にまとまっている『宇治拾遺物語』を持ってきました。

今日の私の話を聴いておもしろいと思われた方は、ぜひまた家に帰って読んでみてください。文庫本ですから、コーヒー二杯分ぐらいの値段で買えますし、非常におもしろいことがたくさん書いてありますので、家で寝転がって読んでみられたらいいと思います。

私は冷房も暖房も嫌いなほうで、お客さんが来られたときには冷房をかけますけれども、自分一人のときは冷房をかけません。暑いところでこういう本を読んでいますとすぐに眠たくなって、寝てしまいます。それで起きてまた読んだりすると、どっちが夢なのかはっきりわからなくなります（笑）。

こぶとりじいさん

今日は、この本の中の夢の話を取りあげます。夢のことがたくさん書いてあるところがまた、とてもおもしろいのです。「そんな古臭い話を読んでどこがおもしろいのか」と言われるかもしれませんが、昔の本を読むのは、「昔は変わったことをやってたんやなあ」というふうにおもしろがるためではありません。こうした昔の物語には、いま私が生きていくうえで直接関係のある大事なことが書かれている、と思っているからなんです。

例を挙げたほうがわかりやすいですね。巻一の三に「鬼に瘤《こぶ》取らるる事」という話が出てきます。これは「こぶとりじいさん」の話です。「むかしむかし、あるところに、……」から始まるだれでも知っている話が、『宇治拾遺物語』には実際にあった話としてちゃんと載っているのです。「今はむかし、右の顔に大なるこぶある翁ありけり」という書き方で、よく知られているこぶとりの話です。

これは考えてみますと、すごいことだと思うのです。こういう本に載っていた話が、その後長い間言い伝えられて、そしていまわれわれが知っている「こぶとりじいさん」という昔話として残っています。その間、話はほとんど変わっていません。言い伝えというのはある程度中身が変わりそうに思うのですが、これが読んでみるとほとんど同じ内容のことが書いてあってびっくりします。

昔話がいまの話になるとき

「こぶとりじいさん」と言うと、鬼にこぶを取ってもらう話です。鬼に取ってもらうなんて、そんな馬鹿なことがあるかと思われるかもしれませんが、まあ、非常に大きいこぶがあれば、いまなら医者に行って手術して取ってもらうことになると思います。それでも、手術ではなかなか取れないこぶというのがあるものです。みなさんのなかに、目の上にたんこぶのある人はおられませんか（笑）。「あいつさえいなかったらええのに」「あいつは目の上のたんこぶや。あいつさえいなかったら、おれはいま頃もっと出世してたのに」とか、「あの人は悪口ばっかり言って困る。何とかしたい。もう、取って捨てたい」とか。なかには、嫁と姑でお互いに相手のことを、「たんこぶや」と思っている人がいるかもしれません。そのたんこぶが、いつどうやって取れるかという話です。

そのように少し読み変えてみますと、何かわけのわからない話ではなくて、一気にいま現在の話になってきます。私もいっぱいたんこぶがあって取ってほしいと思っているのですが、なかなか取れなくて困っています（笑）。私の「目の上のたんこぶ」を取るにはいったいどうしたらいいのか、と思いながら読んでみるとおもしろいと思います。

＊

頬に大きいこぶのあるおじいさんが、ある日、山へ行って木を切っていました。雨が降ってきたので、木の祠《ほこら》の中で雨宿りをします。やがて雨もやんで日が差してきた頃に鬼が出てきて、みんなで酒を飲んだり踊りを踊ったりとにぎやかにやりはじめます。

「鬼」は、昔の話に非常によく出てきますが、いったいこの「鬼」というのは何者なんだろうと考えてみるのもまた一興です。『鬼の研究』という本があるぐらいで、鬼が何者かというのは簡単には言えませんけれど、ともかく人間ではないようです。それでも、酒を飲んで踊ったりしているのですから、人間に非常に近いものだと思います。もちろん、なかには人を食う鬼もおりますけれども。

いま「人を食う鬼がいる」と言いましたけれど、人間でも人を食っている人がいるのではありませんか。そういう人はひょっとして鬼かもしれません（笑）。そのように考えると、本に書いてあるちょっとしたことが、みないまのことになってきます。話を上手にいまのことに読み変えて、しかも読み方は人によって違うので、自分なりに、「ああ、この鬼はあいつかもしれない」とか、「このたんこぶはうちの嫁かもわからん」（笑）とか、いろいろに読んでみるといいですね。

ずいぶんおもしろくなってくる頃には、だんだん眠たくなってきます。寝るとまた夢を見たりします。そうしていると、この世のことがだんだんと楽しくなってきて、「ああ、なるほどな」と納得したり、「こういうふうにしたらいいな」と、またおもしろいことを思いついたりするわけです。

人の心の中に住む鬼

われわれの心の中にも、やはり鬼が住んでいるように思います。ときどき自分の心が鬼のようになる、そんなことないですか。「あいつがいなかったら」と思うときもあるし、「あんなやつ、死んでしまえ」と思うときも実際にあります。まあ、思うだけですけれど。

そういうことで言いますと、「われわれの心の中に鬼が住んでいる」と思ってもよいかもしれません。そして、こぶを取るのに鬼に遭遇するというところがおもしろいですね。つまり、われわれは自分の嫌なことを、「これがなかったらいいのに」とか「あれがなかったらいいのに」と思うときは、ちょっと鬼に近い気持ちになっているのではないかということです。

「あいつを殺して」とまでは思わないけれど、「あいつ、病気になって死なへんかな」ぐらいは思うときがありますね（笑）。それから、もう腹が立って「そこらじゅう叩きにいってやろうか」とか、ちょっと心が険悪になって、鬼に似たような、あるいは鬼のような心の動きになることが、われわれにもいろいろあるわけです。

ただし、この話の中の鬼はそういう悪いことをしているのではなくて、踊りを踊ったりして喜んでいるわけです。こぶとりじいさんはそれを見ているうちに、ものに憑かれたのかどうかわかりませんが、急にその怖い鬼の中へ入っていって「おれも踊ってやろう」と思い、実際、「踊らせてくれ」と言って鬼と一緒に踊りだします。

鬼の中になど入っていったら、もしかすると殺されるかもわからないのに、「私も踊らせてくれ」と言って出て行った。すると鬼も、「そんなら踊ってみろ」と言う。おじいさんが踊ると、これがなかなか上手です。「えらいおもしろかった。こんなおもしろい踊りははじめて見た」と鬼が言います。それはそうです、鬼が人間の踊りを見たのははじめてだと思います。それで、「また来て踊ってくれ」と言う。おじいさんは「よし。また踊ろう」と言いますが、鬼は心配になって、「次には来ないかもしれない。今度来るときまで、何か大事なものを質に取っておくことにしよう」と思ってよく見ると、おじいさんは頬にこぶをぶら下げている。

思いきりが試されるとき

「あれはどうも大事なものらしい」（笑）。「あれを取っておいたらまた来るんじゃないか」というので、鬼が「そのこぶを取って、次に来るときまで預かっておく」と言うと、おじいさんは「いやいや。これは大事なものだから取らないでくれ」と言います。すると鬼は、「こんなに大事がっているから、ぜひとも取ってしまえ」というので、「次まで預かっておくから必ず来いよ」と言って、パッとこぶを取った。不思議なことに、少しも痛くありません。それで、おじいさんが帰ってきて、「こぶが取れてよかった、よかった」と顛末を話すと、同じように頬にこぶのある隣のおじいさんがそれを聞いて真似をするという話です。

これには、非常におもしろいところがあります。嫌なものがなくなったり、取れたりするときには、「相当な思いきりがいる」ということです。鬼の前で踊ってみるぐらいのことを命がけでやらないといけない。下手をすると殺されるかもしれない。それぐらいまでやらないと、なかなかこぶはなくならないのです。

みなさんも、「目の上のたんこぶがなくなったらいいのにな」と思ったり、あるいは「死んだらいいのに」と思ったりしても、なかなか相手は死なないでしょう（笑）。そういうときは、こちらも命がけですごく頑張らないといけないということなのです。鬼の前で踊りを踊るほどのすごい勇気というか、思いきりがいるのです。

鬼が、「このたんこぶは、おじいさんにとってはものすごく大事なものだ」と思うところがありますが、そこがまたおもしろいと思います。ひょっとしたらこぶは、われわれにとっては大事なものかもしれないのです。「たんこぶがあって嫌だな」「これがなかったらどんなにいいか」と思っていたのに、こぶがなくなったために寂しくて仕方なくなったということがあります。人間にはそういうところがあるのです。自分にとって嫌なやつがいて、「ああ、嫌なやつだな」と思っていたのに、そいつがいなくなると何か寂しくなって、何もする気がしなくなるとかです。

「目の上のたんこぶ」のイメージ

自分が仕事をしようと思うとき隣の家でピアノを弾いていて、それがやかましくてかなわないとします。「やかましいな。隣の家が静かだったら、どんなに仕事がはかどるかしれないのに」とみなに言うと、みんなも「それは気の毒やなあ」といろいろ慰めてくれます。そして、とうとう思いきって静かなところへ引っ越そうかと思った矢先にその家が引っ越していって、隣が急に静かになった。それなのに何もできない。そういうときがありますね（笑）。落ちつかないのです。静かになったから仕事をしたらいいのに、「なんやひとつも音が鳴らんな、この頃は」と、かえって何もできない。

人間というのはおもしろいもので、自分が嫌だなと思っているものが、案外自分の支えになっていることがあるのです。これは非常に不思議なことです。そのへんの綾のようなものが、少しずつ、ちょっとしたひと言で物語には書きこまれているのです。

この「こぶ」は、おじいさんにとっては大事なものかもしれない。「そんな馬鹿なことはない」

とも言えるし、やっぱりおもしろいなとも思う。特に、人生というのはいろいろな見方ができますから、そういういろいろな見方のできるところが、実にうまくお話として書かれています。そのように読んでいきますと、この中世の物語は非常に意味があるように思います。

いま、話の中で私は、「こぶ」を「目の上のたんこぶ」という言い方に変えました。われわれ人間というのはおもしろいもので、物事を考えるときに、私の同僚の誰々さんと言うより、「目の上のたんこぶ」というふうに喩えて言ったほうがよほどよくわかるということがあります。「あいつは、私の目の上のたんこぶや」と言ったほうが、みんなは「うん。なるほど」とわかってくれるのです。誰々さんは学歴がどうで、何歳で、何をしていて、などと並べて説明するよりも、「目の上のたんこぶ」というひと言だけで鮮明に状況がわかる。このように人間のものの考え方は、イメージを使うと鮮やかにわかることがあります。昔の人はイメージを使ってものを言うのがたいへん上手です。実際、われわれも、そういうことをよく言っているのです。「あの人は、うちの学校のがんや」と言ったりしますね。腫れているわけでも何でもないけれど、そう言うとどういう人かがすぐにわかる。

昔話は、そういう言葉がそのまま話になって、たとえば、この「こぶとり」の話になったりしていきます。だから、「嘘ばっかり」と言うのではなくて、そういうイメージとして読み変えていくと非常にぴったりすることがたくさんあります。

心の中と外との関係

それから、もう一つ、少し難しいことを言いますと、私の心の中にあることと、私の心の外側にあることとは案外関係があるということです。もしくは、一つだと言ってもよいかもしれません。

たとえば、ある人が「私は必ず約束の時間の前に行くので、時間には絶対に遅れない」と言います。「なぜですか」と聞くと、「私の父が時間にはすごくうるさくて、常々時間はちゃんと守れと言われてきましたから」というような話をされます。「あなたのお父さんは厳しかったのですね」と言いますと、「ええ、そうなんです」と答える。これは「お父さんが厳しかった」ということだけではなくて、父親はすでに亡くなっていても、やはりお父さんの言いつけを大事にして生きている、ということなのです。それは、亡くなってもまだ、「私の心の中のお父さんが生きている」ということになります。

逆に、父親はそんなことを言っていないのに、私が物事を考えるとき、「こんなことをしたら親父が怒るんじゃないか」とか、「親父が厳しいからこうしようかな」とか、自分が勝手に思い込んでいることもあります。そう考えますと、心の中のことと外のことというのは案外関係してきます。

互いの関係の中で生きる

こんなこともあります。みなさんも実際にあるのではないかと思いますが、友だちが怪我をして、手をだらりとさせていたりすると、見ているだけで鳥肌が立ってきます。怪我をしたのは友だちであって、べつに自分は痛くも痒くもないはずなのに、友だちの痛みが伝わってくる。

あるいは、自分の子どもが病気になったりしたら、親はもういても立ってもいられないときがあります。それは、子どものつらさが親につながっているからです。このように人間は案外、つながっているところがあります。

私という人間はいまこの演壇にいますが、前にみなさんがおられるからいられるのです。みなさんがおられなければ、演壇で一人でこんなことをやっていられません（笑）。「あの人、ちょっと変になったのと違うか」となります。壇上で私が手をいろいろ動かしたとしても、みなさんは黙って聴いておられる。それは、私とみなさんとの関係の中で可能なのです。

ところが、聴衆の中の一人がいきなり立ち上がって手を上下に動かしたりしたら、いったいどうしたのかとみんな見ますね。つまり、われわれは、何気なしにやっているようなことでもすべて、どこにいるのか、どういう関係でいるのかというお互いの関係の中で生きているのです。

ですから私にしても、演壇にいるのとみなさんのなかの一人として座っているのとでは、やることが全然違います。人間というのは、このようにものすごく関係し合って生きているのです。

自分は一人で、死のうと生きようとべつに他の人にとってどうということがないではないかと思うかもしれませんけれど、実はそうではなくてすごく関係があるということです。

人間同士の関係の度合い

この「関係の度合い」というものが、いったいどのぐらいなのかわからないと思うのですが、いまの世の中は、私と他人ということを以前よりもよほど区別して考えています。

私のおばあさんは、よくおもしろいことを言いました。たとえば、おばあさんと一緒に寝ていて、朝五時頃に目が覚めると、「ああ、おしっこに行きたいな。寒いから、あんた代わりに行ってきて」（笑）とか、私がおしっこへ行って帰ってきたら、「ああ、すっとしたわ」（笑）とか言いました。

本当はどうなのかはわかりません。だけど、おばあさんは孫がかわいいと思うので、ほとんど孫と一体となって同じ気持ちで生きていたのだと思います。実際には簡単にいかないと思いますが、私のおばあさんはそういうことを言ったりしていました。心が非常に関係してくると、そのぐらいつながって生きているものなのです。

いまは、私が教授会でそういうことを言っても、みな本気にしないでしょう。「ちょっとトイレへ行きたいのですが、いま私は大事な話し合いの最中ですからあなた行ってきてください」（笑）

とか言ったら、みなが私の顔をまじまじと見るかもわかりません。「だい分おかしくなってきたな。まあ、前から変なことはわかってたけども(笑)、やっぱりおかしなことをやりだした」と思うかもしれません。そういう感じは、いまはもう通じません。

あるいは、友人が借金をして困っている。「よし。そんならおれの金を全部使え。それで足りないようなら一緒に倒れよう」と、そこまでやる人は、もう少なくなったのではないでしょうか。自分が倒れない程度には貸すけれど、あるいは「貸すぞ」と言いながら上手に逃げたりしますけれど(笑)、全部貸して共倒れというのはないでしょうね。

ところが、昔の人の話を聴いていますと、そういうことはたくさんあります。「死なばもろとも」という話はたくさんあるのです。それこそ、本当に一体になって生きていたのかもしれません。

しかし、今日のわれわれの生き方は、自分というものをすごく大事にして、「自分がしっかりしなくちゃならない」というものです。これは悪いことではありませんけれど、「自分がしっかりしなくてはならない」ということが、次にはだんだんと、「自分は自分、人は人」ということになっていきます。ところが、昔の人の場合は、自分と他人との間が、ものすごくつながっていたと言えます。

夢にかける

そういう意味で、私のすごく好きな話があります。巻六の七に「信濃国筑摩《しなののくにつくま》の湯に観音沐浴《かんのんもくよく》の事」という話があります。これは信濃の国の「つくま」というところの温泉に、観音様が来られたというお話です。

＊

昔むかし信濃の国のつくまというところに温泉がありました。昔の温泉場で薬湯ですから、病気の人がみんなそこへ行ってお湯に入っていました。あるとき、その近所の人が、「あすの午の刻に観音様が湯浴みに行かれる」という夢を見ました。それで、「どんな風体で来られますか」と聞くと、「年は三十歳ばかりで、男性でひげの黒い人が綾藺《あやい》笠をかぶり、皮を巻いた弓を持ち、葦毛の馬に乗ってやって来る。それが観音様だ」と、夢の中で細かく教えてくれます。

夢から覚めてこの人はびっくりし、近所のみんなに「あした観音様が来られる」という夢の話をします。するとみんなは、それは大変だというので、温泉へ行っておおわらわで掃除をして、花を飾って、線香を立てたりして、そのときを待っていました。

ところが待っていても、午の刻にはだれも来ません。おかしいなと思っていると、ちょっと遅れて羊の刻に、夢に見たのと同じ風体の人がやって来ます。みんなすごくびっくりして拝みます。観音様だと思っているから拝むのです。ところが、その拝まれている本人はわけがわからなくて、「みなさん、どうして私を拝むのですか」と聞きます。それでも、みんなはただ一生懸命に拝んでいる。さらに、「どうしてですか」とたずねて回ると、親切な人が言いました。「いや、実は、ここにおられるこの人が、観音様が来られるという夢を見られたのです。『観音様の服装はこうこうで、葦毛の馬に乗って来られる』と。きっとあなたがそうなのです」と。

そこでその男が、「わかった。私は観音だ」と言うのです（笑）。ここがおもしろいですね。つまり、「自分はいままで何も知らずに普通の人間だと思っていたけれど、だれかが夢を見たぐらいだから、私は観音に違いない」と言って、侍だったのにその場ですぐに頭を丸めて出家し、お坊さんになります。

人間は自分をどれほど知っているか

このくだりは、私の非常に好きなところです。「自分が何者か」という判断を自分の判断でしていない。他人の夢をそっくりそのままもらって、「うん、おれはこうなのだ」と言う。ここが非常におもしろいところだと思うのですが、いまの考え方からすると、ものすごく馬鹿げています。

私は大学で心理学の勉強をしていますので、よく「どうして心理学をやろうと思われたのですか」と聞かれるのですが、それに対してたとえば「いやー、何になるかわからなかったけども、風呂へ行ったらそこで一緒になった人が、『あなたが心理学者になるという夢を見ました』と言うのを聞いたのでやってるんです」などと言うと、「あほかいな」と思われます。

いまの考え方からすると、これはとても馬鹿げたことです。けれども、私はこういう考え方が非常に好きです。「人間というのは、それほど自分を知っているのだろうか」と思うからです。人間というのは、本当はもっと深いところがあって、自分のことを知る深い智慧は、自分ではなくむしろ周りの人のなかから出てくるかもしれないのです。

たとえば、私はいまここでしゃべらせてもらってありがたいと思っています。けれども、みなさんが私をここでしゃべる価値のない人間だと思われて、ほとんどの人が寝てしまわれたらおしまいです（笑）。しゃべっているうちにだんだん声が小さくなって、前から一列目の人はしんぼうして聴いてくれても、後ろから一列目二列目三列目とだんだん寝ていって、最後は全部寝てしまったとしたらどうですか。自分ではいくら講演してきましたと言っても誰も聴いていないのですから、私への評価は完全にみなさんに委ねられているのです。

だから、私がいくら自分で、「私は四天王寺の夏季大学の講師です」と言っても、「いや、講師と言えますかね。みんな寝てますよ」となります。つまり、私に対する判断は、みなさんに依っているのです。みなさんの判断が私の判断をサポートする、支えてくれているのです。

見方を変えて自分を見直す

もっと言うならば、「私は何者か」ということは、ひょっとして私以外の人のほうがもっとよく知っているかもしれない。そう考え出すと、「観音沐浴の事」の話も非常に深い話になるのではないかと思います。これを額面どおりにとって、「ああ、昔の人はあほやねんな。他人の夢を聞いて『おお、おれは観音や』と言う、そんな馬鹿なことがあるか」という読み方をすると、もうこの話は何にもおもしろくありません。「よくこんな馬鹿なことを本にしたな」（笑）ということになるだけです。

しかし、私が言ったように読み方を少し変えていくと、「すごいことを書いているなあ」と思えてくる。そのすごいことというのは、現代のわれわれが忘れていることです。現代のわれわれは、何となく天狗になって「自分がやったからよかったんだ」とか、「これは私がやったんだ」とか思っているけれど、「そんなことはないぞ」ということがそのままさりげなく書いてあります。

ただし何度も言いますが、昔の話はイメージで書かれていますので、具体的に思いあたる書き方がされているわけではありません。だから話を読みながら、ちょっと自分の心の中で消化してみる。そうすると、「うーん」と考えさせられます。そこのところがすごくて、こういうことをわれわれ現代に生きる者は、もういっぺん考え直さなければいけないのではないか、と私は実際思っているわけです。

われわれ現在の人間は、ちょっと「自分が」「自分が」と言い過ぎます。そして人のことを笑っていますけれど、本当は人間はみなつながっていると思うのです。それを昔の人はよくわかっていた。だから、それをもういっぺん見てみようと思い、こういう昔の話を一つひとつ読んでいるのです。

これを読んでいておもしろいのは、見方を変えてもう一度自分を見直せるということです。自分がこの世に生きて普通にやっていることは、何となく全部当たり前で普通のことのように思えます。たとえば、「四天王寺さんから言われて夏季大学の講師になって話をして帰ってきました」ということは、ただそれだけのことで、普通のことのように思うのですが、少し見方を変えてみますと、今日これだけの人がここに来られて私の話を聴いておられるというのはすごいことだ、これは大変なことをやっているなということがわかってきます。

そのように少し横から自分を見る、あるいは違う目で自分を見る、というように見方を変えることができる。これはとても大きいと思うのです。

違う見方を示すものとしての「夢」

あまり見方を変えることばかりを考えていて眼鏡を忘れてきてしまいましたので（笑）、今日は借り物の眼鏡でやっています。四天王寺の眼鏡をかけたらよく見えるような気がします（笑）。

このように違う眼鏡で、違う見方でものを見てみる。そうすると、中世の物語にすごく深い意味を感じます。なかでも私が好きなものに、特に見方を変えるものとしての「夢」があります。

私はいろいろな人の悩みの相談を受けたり、ノイローゼの人の相談を受けたりしていますが、その中で「夢」というものを非常に大事にしています。「夢みたいな頼りにならんものをどうして大事にするのか」と言われるかもしれませんが、昔話には夢の話がたくさん出てきます。『宇治拾遺物語』を調べてみると、夢の話が二二もある。『今昔物語』にもたくさんあります。昔の人にとって、夢というのは非常に大事なものだったのです。

ところが、いまわれわれは夢をあまり大事にしません。実際、夢は本当でないことが多いです。たとえば、夢の中で友人が死んだ夢を見たので電話をかけてみると生きていた。「何や、足もあるやないか。おまえは死んどるはずや」（笑）と言っても、向こうはちゃんと生きている。そういうふうに、現実とは違うことのほうが多いです。

たとえば、空を飛ぶ夢を見た人はたくさんいると思います。「夢で飛べたから」というので、起きて飛ぼうと思っても、なかなか飛べるものではありません。とはいうものの、これはおもしろいもので、みなさんが空を飛ぶ夢を見たからと言って、ロケットのように高速で飛んで月まで行ってきたというような夢を見た人はまずいないと思います。大人になると空を飛ぶ夢はあまり見なくなります。飛ぶにしても何か頑張って飛んでいませんか。滑ったり、もがいたりしてやっています。勢いよく空へ上がって行くような夢を見るのは、だいたい子どものほうが多いです。だから、いまもそういう夢を見ている人は、まだ童心のままで、子どもの勢いで頑張っている人だと思います。それも決して悪いこととは思いませんが、まあちょっと変わっているかもしれません（笑）。

ともかく、空を飛ぶ夢を見たからといって空を飛べるわけではありません。夢というのは、「ほんとに何でこんな夢を見たんやろ」とか、「よくこんな馬鹿な夢を見るな」というようなのを見ます。けれども考えてみるとわれわれは、空を飛んでみたいと思っているし、空を飛ぶほどの気持ちになっているときもあります。この頃はあまり言わなくなりましたが、「飛んでる女性」というのもあります。

そう考えてみると、「飛ぶ」というのはとても大事なことなんですね。心の底のほうですごく大事にしていることが夢に出てくるので、われわれが普通に考えていることとはちょっと違うところがある。「違うところが」というのは、私がいま中世の話をもってきて、「違う見方ができる」と言うのと同じようなことです。

普通に生きているということ

それは、こう言い換えられるかもしれません。普通に生きている私というのは、これは実は、はっきりしていないのです。たとえば、私が今日四天王寺へ来るのに、「講演は一一時に始まる。じゃ五分前にひとっ飛びで行こうか」と、そんなことを考えていたら遅刻して大変なことになります。飛べませんのでね。

だから、ちゃんと電車に乗ってやって来るわけです。それで何分かかるか、それからタクシーで何分ぐらいかというのを全部考えるわけです。あまり考え過ぎて眼鏡を忘れたりしますけれど、いちおうは考えている（笑）。

今日は中世の物語について話すからだいたいこうしよう、一時間半だったらこれぐらい、と全部考えてきています。それを少し間違うといろいろ変なことが起こってくる。みなさんにしても、今日ここへ来るのに、どの話を聴こうとか、どういう服装で行こうとか考えてこられたと思います。

いま会場の中を見渡しましたけれど、浴衣がけに鉢巻きという人は一人もおられません（笑）。そういう格好で来られても別にかまわないのです。まあ、鉢巻きはしなくても、浴衣がけぐらいだったらかまわない。祇園祭りにはたくさんの人が浴衣がけで行っています。あの続きにこっちへ来るということでもよいのです。でも浴衣で来ている人がいないということは、講演を聴きにいくときにはだいたいこのぐらいの服装でと考えているからです。

ところが、アメリカに行くと、講演を聴きにくるのにビキニに似たようなのを着てくる人がいます。最初はびっくりしました。ですが、アメリカの大学へ行きますと、キャンパスをビキニと思えるぐらいの服を着て歩いている人がいます。カリフォルニアではそれはかまわないのです。その場所によってみな文化が違うということです。

ですから、ここでやっていることがカリフォルニアでも正しいとか、ここでやっていることがエスキモーへ行ってもそのまま通じるということはないのです。そこで普通にやっていることは、ここでやっていることとはちょっと違いますが、そのなかで「私はどうしているか」ということが非常に大事だということです。

これができなければ、社会で生きていくことができません。みなさんも社会人としてちゃんと生きているから、時間を守って行こうとか、服装はだいたいこうとか、全部考えて来ておられるわけです。

可能性のプラスとマイナス

ところが、それだけでは人生はおもしろくない。自分にもまだまだ可能性があって何かおもしろいことができるかもしれない。自分にしても、いまいろいろなことを考えて勉強をしていて、もっとおもしろい世界が広がるかもしれない。あるいは、もっと新しい友人ができるかもしれない。あるいは、もっと恐ろしい危険が迫ってくるかもしれない。可能性というのは、よいことばかりではなくて悪いこともあります。

たとえば、友だちができて喜んでいたら、その一方でいろいろなことが起こってきます。昔の中学校の友だちなんかがやって来て、「河合君、元気か。久し振りやなあ」と話をしていてだんだん親しくなってくると、「おい、河合。いいもうけ話があるんだけど、乗らんか」という話になってきます。それでうっかり乗ったりすると、手ひどい目にあったりすることがあります。そういうのも一つの可能性です。これもやはり一種の夢です。そういうときに、「夢みたいな」と言うのです。喜んでお金を貸して、やっぱり取られたりするときがあります。それも一種の夢です。

いまはわかりませんけれど私にも、これから生きていく間にそういう可能性はいっぱいあります。もしかしたら、今日帰りに交通事故で死ぬことだってあるかもしれません。実際、それも可能性として入っているのです。仏様だけがご存じです（笑）。

だから、私はここで私なりに一生懸命に話していますが、「こいつ、いい気になってるな。今日の帰りのことも知らんと」（笑）と仏様は思っておられるかもわかりません。可能性というものはプラスかもしれないしマイナスかもしれないけれど、すごいことが入っている。そのなかで、われわれは自分としてできることをしていくより仕方がないのです。

人生の夢

それでも、やっぱり人生には夢がないといけません。いまを生きているだけではなくて、自分の人生に夢がなかったらおもしろくない。その夢というものをいったい自分はこれからどう生きようとするのか、どう生きていくのか、ということです。

夢は、普通のこととは違います。当たり前ですね。夢が普通のことと同じだったら見る価値がない。普通のことは、一生懸命に起きている間に考えられます。

自分は一人の侍であって、葦毛の馬に乗って温泉へ行こうと思っているのに、だれかの夢が自分を「観音様だ」と言うのですから、これはすごいことです。それを目前に突きつけられて、「よし。おれはそれに従う」というのは、夢のほうに賭けていくわけです。

ついでに言いますと、この話の侍は、お坊さんになってどこそこへ行って、だれの弟子になってということが全部、この話の中に書いてあります。べつに偉い人にはなっていません。普通のお坊さんで終わっています（笑）。私は、そこがものすごくおもしろいし、好きなのです。何も偉くなる必要はない。観音様だからといって、この世で偉くなるかどうかはまた別の話です。

観音様はこの世でひとつも偉くならずに、普通のお坊さんとして普通に暮らしても、すごくたくさんの人を救われるかもしれません。「偉くなる」ということは人の上に立つということで、私事です。この世の中でどんな人になったのか、どんなふうに生きたのかということが大事なので、たとえば大僧正になったかどうかというのは、また別の話です。観音様が普通のお坊さんとして普通に生きて、普通に死んでいかれても、そのためにたくさんの人が救われたかもしれない。そういうところが、このお話のものすごくよいところだと思うのです。

この話が、「その人はお坊さんになって、とんとん拍子に位が上がってすごい大僧正になりました」ではおもしろくないと私は思います。それでは単なる出世物語です。そうではなくて、観音様のお話がこのように語られているほうが、はるかに本当のことが書いてあるなという気が私にはします。

夢を解釈する話

そのように思いますので、私は毎晩見る夢はやっぱり大事なものだと思っています。しかし、何度も同じことを言うようですが、大事だからと言って、夢の世界と現実の世界にある可能性とを急にくっつけるとしたら、これは大問題です。たとえば、私がお金を拾う夢を見たのでそこへ拾いに行こうとか、友人が死んだ夢を見たので、あいつはそのうち死ぬからこれをやっておこうとか、というようなことを思う必要はないのです。夢の世界と現実の世界とはダイレクトにはつながらない。けれども関係はしている。それをどう読んでいくのか、というところが非常に難しいのです。

われわれの言葉で、「夢を解釈する」ということがあります。そういう夢を見たのにはどういう意味があるのかを考える、これを「解釈」と言います。夢の解釈ということで、『宇治拾遺物語』にすごくおもしろい話が載っています。だいたい何でも載っています（笑）。巻一の四の「伴大《ばんだい》納言《なごん》の事」というお話ですが、これはすごく有名な話で実在した夢です。

伴大納言善男が夢を見ます。すごい夢で、「西大寺と東大寺とをまたげてたちたり」という夢を見るのです（笑）。ものすごく壮大な夢です。ご存じのように、西大寺も東大寺も昔はもっとすごい寺ですから、そのものすごい両方のお寺を踏まえてどんと立ったのです。

あんまりすごい夢を見たので奥さんに言います。「すごい夢を見た。東大寺と西大寺を踏まえて立っている夢を見た」。すると奥さんが、「おまえのまたが裂けるな」と言った（笑）。ご主人はすごくげっそりします。だいたい奥さんに言うべきではなかった。

すごくげっそりはしたのですが、そのときの郡の役人の郡司さんのところへ行きますと、郡司さんには何も言ってないのにすごい御馳走をしてくれた。どうしてかなと思ったら、「どうも今日は、あんたはすごくよい相をしている。何かよい夢を見たのではないか」と言うのです。それで、「東大寺と西大寺を踏まえて立つ夢を見た」ということと、「奥さんに話をしたら、またが裂けると言われた」と答えました。すると、「せっかくいい夢を見たのに、言わなくてもよいところで言って、しかも言われなくてもよいことを言われたので、夢の効力がずいぶん落ちた（笑）。

だから、あんたは今後出世するけれど、讒言《ざんげん》にあって失脚するだろう」と言われます。そして、そのとおりになります。この伴大納言は、実際にかなり出世しますが、讒言にあって官位が落ちてしまいます。

この話は、夢というのはそのように大事なものだから、そう簡単に人に言うべきではないということを戒めています。自分の心の中の秘密というか、非常に大事なことだから、うかうかと人に言うものではない。相手がたとえ奥さんであっても、そう簡単に言うべきではない。うっかり言ってしまうと、その秘密が悪いほうに進むというのです。

だから、私はたくさんの方に夢を聴いているのですが、「その夢を大事にしてください。大事にして自分でいろいろ考えてみてください。しかし、そう簡単にあっちこっちでしゃべるものではありませんよ」とよく言います。

大事なことというのはしゃべると汚染されるようなところがあるのですが、そういうことがこういう物語にちゃんと載っているところが非常におもしろいと思います。

大事なことは秘めておく

それから、巻十三の五に「夢買ふ人の事」という話があります。ある人がすごくよい夢を見ます。当時は、夢を見るとその夢を占ってくれる専門家がいたようです。われわれと似たような仕事をしているわけです。

よい夢を見た人が夢占いのところへ行って、大きい声で夢の話をします。ところが、それを隣の間にいた人が聞いていたのですが、「たいそうよい夢を見たんだなあ」と羨ましく思います。よい夢を見た人は、夢占いが「よい夢を見ましたね」と言ってくれたので喜んで帰っていきました。

次に、隣の間で聞いていた人の番がきて、「いま聞いた夢はものすごくいい夢だが、あれを買えないものか」と聞きます。夢占いが「買える」と言います。「どうやったら買えるのか」と聞くと、「さっきの人が入ってきたのと同じようなかっこうで入ってきて、自分の前へ来て同じように話をしなさい。そして私にお金をたくさん払いなさい（笑）。そうするとあの夢はあんたのほうに行きます」と言うのです。

そのとおりのことをやりますと、「もうこれで、あんたは夢が買えました」となります。その夢を買った人はあとですごくよいことがあるのですが、せっかくよい夢を見た当の本人は、大きい声でしゃべり過ぎて夢を人に取られ、あまりよいことがありませんでした、というのです。

この話の教訓も、「そういう大事な夢は大きい声でしゃべってはいけない」ということです。秘密は自分の心の中にしっかり秘めて、自分で考えてあたためていくことが大事だということです。そのように読むと、こういう話は非常におもしろくなります。

死後の世界

もう一つ夢の話をしますが、夢の中で非常に典型的なのは「死後の世界」についての夢です。死んでからどうなるかということが夢に出てくるのです。巻八の四「敏行朝臣《としゆきあそん》の事」というのはそういう話です。

写経をする人はいまもいますが、この物語の頃は、写経を一生懸命になってやると死んでから極楽に行けるという考え方があってたくさんの人がやっていました。けれども、字の下手な人は自分ではうまく書けないので、字の上手な人にお金を払ってやってもらっていました。

藤原敏行朝臣という人は非常に字が上手でした。ですから、その敏行さんのところへ行きまして、「私のために写経してください」とお金を払って書いてもらい、書いてもらったものを自分の名前でお寺へ持って行く人たちがいました。そういう功徳を積んでおくと死後に極楽にいけるという考え方です。みなさんのなかにも写経をやっている人がおられると思いますが、うっかりすると大変なことになります。そういうことが、書かれています。

敏行さんのところへたくさんの人が写経を頼みに行き、それまでにだいたい二〇〇人ぐらいになりました。『法華経』を二〇〇回ぐらい代わりに写した頃、敏行さんはにわかに心臓麻痺のようになります。「これは死ぬかもわからん」と思っていますと、そこへ武士のような恐ろしげな人がやって来て、「敏行来い」と言って引っ張って行かれました。それは地獄から来た呼び手でした。

引っ張られて行くと、二〇〇人ぐらいの人が恐ろしい鬼のような者たちに囲まれて、ものすごく困っているところでした。「あの大勢の人はどうしたんですか」と敏行さんが聞くと、「あの二〇〇人はおまえに経を書いてもらって死んだ人たちだ。だいたいおまえは、魚を食ったあとで手も洗わないで経を書いただろう。それから女と関係しても、そのまま澄ましてお経を書いておったただろう。自分の身を清めもせずに、おまえがいっぱい写経をしたから、それを持って来た者がみんなああしてやっつけられているんだ。それであの人たちがあんまり腹が立って、『敏行を呼べ』というので（笑）、おまえはいま呼び出されたんだ」と言います。

見ると、どす黒い川がザァーッと流れています。「このどす黒い川はどうしたのですか」と聞きますと、「これはおまえが汚れた手でお経を書いたので、墨がみんな溶けて流れてきているんだ」と言います。だから、みなさんも写経をするときは気をつけてください（笑）。

「おまえはもう大変なことになるぞ」と言われ、敏行さんは、「これはえらいことだ」と思いました。するとこの武者のような人が、「いまから悔い改めて、閻魔様のところに行ったら、『自分はこれから四巻の経を書こうと思って、そういう願を起こした。だから、その願のとおりきちんと書きたいと思う』と言え。それをやり遂げるのは骨が折れるかもしれないが、『よし、それだけ思ってるのなら』と、死を免れるだろう」と教えてくれます。

それで閻魔様の前に行って、「おまえはこんな馬鹿なことをしただろう」と言われたときに、「申しわけありません。けれども、実は自分は四巻の経を書いて供養しようと思っております」と言います。「よし。そういうことならばもう一度帰れ」ということで生き返ります。

こういう夢を見、体験をして、息を吹き返しました。ここからがまたおもしろいのですが、ほっとして何もしなかったのです(笑)。よくありますね。いざとなったら、「もう、ちゃんとやります」と言うのですが、閻魔様に許されてこの世へ帰ってくると、「ああ、よかった」ということで何もしない。

臨死体験の研究

こういう不埒な男ですから、あとはまた好きなことをやっていて、とうとう死んでしまいます。

それで、やっぱり呼び出されてやっつけられるのです。

みんなが「敏行も死んだな」と思っていると、その敏行が、今度は三井寺のお坊さんの夢に出てきます。そして、「実は、自分は四巻の経を書くと言って紙も買い準備を全部していたけれど、この世で遊びほうけていたのでいま地獄へ落ちている。だから、あんたが何とかあの続きを書いてくれ。私の死んだところへ行けば、経も紙も全部あるはずだから」と言います。

それで、三井寺のお坊さんが敏行の死んだところへ行きますとそのとおりだったので、その四巻のお経を全部書いてやります。すると、敏行がまた夢に出てきて、「おかげで自分は助かった」という話です。

ここに、「死んだはずの世界」というのが出てきます。みなさんもご存じだと思いますが、最近は「臨死体験」についての研究がすごく進んできています。医学的に「この人はもう死んだ」と思っている人でも、いろいろと蘇生術を施しますと、もう死んだと思っている人が一五分ぐらいたってからもういっぺん生き返ったりします。そしてその人に、「その間にあなたはどういう体験をしましたか」といろいろ聞いてみますと、非常に不思議な体験をしている人が多いのです。これについての研究が盛んになってきました。

現代では、「そのとき」にいろいろな体験をしたことが発表されていますが、日本の例を私は少ししか知りません。アメリカでは非常にたくさんの人が発表しています。おもしろいのは、現代の人で死にそうになったときに地獄へ行った人は少ないのです。ひょっとしたら地獄に行った人は、かっこうが悪いので話さないのではないかと言われています（笑）。よい体験をした人が話している場合が多いです。たくさんの人が光に包まれたというような体験をしています。今日はその話はしませんが、比較してみるとおもしろいので、私は一度比較してみたいなと思っています。

物語に多い地獄体験

そういう死に瀕したときの体験というのが、この本にもいろいろたくさん出てきます。夢や臨死体験をしたことが書かれていますが、非常に不思議なことに地獄の体験ばかりのようです。この本には極楽に行く話はありません。

こういう本やほかのいろいろな本を見ても、極楽に行った体験はあるにはありますがほんの少しで、だいたいは地獄に行って帰ってくるというのが多いです。これはおもしろいですね。ひょっとしたら昔の人は、極楽に行ったらもう帰ってこなかったのかもしれません。どうもそんな気がします。

こういう話でおもしろいところは、たとえば写経をやっても、ただ字を書いているというのではだめで、書く人の心構えが大事だということです。斎戒沐浴《さいかいもくよく》して一生懸命に書いているのでなかったらだめなのだ、ということが敏行朝臣の話になって出てくるわけです。

死後の世界のことばかりをこういう物語のなかから集めて読んでみますと、なかなかおもしろいです。その当時の人が死後の世界をどう考えていたのかがわかります。私は、実際は、死んでから地獄・極楽があるのかどうかということは知りませんし、あまり確信をもって言う気はありません。けれども、こういうお話によって、この当時の人が、人間というのは自分の死んだあとも魂が存在し、自分の存在が何らかのかたちで続いていくのだということを、こういうふうに捉えていたのだと思うと非常におもしろい。

臨死体験の研究をしている人たちは、「死後の世界はあるのかないのか」といろいろ言ったりしていますが、今日はそういう話には入っていきません。しかし、「あるのかないのか」はわかりませんが、「ある」と考えてみるというのは意味があると考えています。

この世とあの世とのつながり

『宇治拾遺物語』に載っていた話ではなくて、『日本霊異記』にあった話ですが、ある人が死んであの世へ行きますと、あの世になかなか上等の家が建っています。「これ、どうしたんですか」と聞くと、「これはあなたがこれから住む家です。あなたがこの世でいろんなことをやっている間に、ちゃんと向こうにこういう家ができているのです」という話があります。

私はいまここでいろいろやっていますが、その間に私のやっていることがみんな関係して「あっち」にちゃんと家ができている。もし私が生きている間にすごくあこぎなことをして、すごく立派な豪邸を建てたとすると、おそらく「向こう」に豪邸は建たないのではないか。「こっち」に豪邸が建てば建つほど、向こうの釜にくべる薪がいっぱいたまって、行ってから燃やされるのではないか。

だから、私のいまいろいろとやっている仕事が、あっちへ行ってからのこととすごく関係しているのだという考え方は、非常におもしろいと思います。そう思うと、あまりうっかりしたことはできない。まあ、ときどき悪いこともしないといけませんが（笑）、そうばっかりもしてられないぞという気がします。昔の人は、そういうイメージをもっていたのではないかなと思います。

いまも言ったように、はっきりとはわかりませんけれども、自分がここでやっていることは、ここだけで終わっていないぞということです。何か非常にたくさんの、ひょっとしたらあの世にまで関係しているかもわからない。そんなふうに関係していると考えると、いろいろなことが、そう簡単にいかないところがあります。

「これは嫌いだからやめておく」とか、「おまえみたいなやつ、あっちへ行け」とか言っていることは、そういうことをしているのが自分だけにとどまっているのではなくて、もっと広いところにまで動いていって、あの世にまで影響しているとすると、これはもうちょっとこの世でのことを慎重にやったほうがいいのではないかと、ときどき思います。いつも思っていると大変ですのでときどき思うことにしています（笑）。こういう死後の世界の話というのは、そういう意味で読んでいるとなかなか考えさせられるところがあります。

先ほども言いましたが、『法華経』を二〇〇回も書いたと言うと、かたちの上ですごいことなのですが、それが評価されるどころか、マイナスの評価を受けているというところがおもしろいのです。この世でわれわれが評価していることと、「あっち」で見ていることとは、ちょっと見方が違うわけです。違う見方でわれわれは見られていると思うと、これもおもしろいですね。

わらしべ長者の物語

言いたい話はたくさんあるのですが、最後に一つ、ちょっと詳しくお話しします。これは巻七の五の話ですが、たぶんみなさん、「ああ、知ってる」と言われると思います。「長谷寺参籠《さんろう》の男生利《じょうり》に預かるの事」という話で、長谷寺は奈良県にあるお寺です。

長谷寺は、昔たくさんの人がお参りして籠《こも》り、ありがたい夢が授かるのを待ったところのようです。たとえば、法隆寺に夢殿がありますが、あの夢殿は完全にそういう夢をもらうところだったのです。

この長谷寺に参籠した男の話とはこうです。父も母も亡くし、妻も子もないまったくの一人身の青侍がおりました。何の係累もなく仕方がないので、「観音様。助けてください」と長谷寺に参ったのです。「もう、私には何もありません。ここで飢え死にするより仕方がありません。もしも何か観音様のほうから言ってくださることがあれば、夢に見せてください。そうでなかったら私はここで死ぬまで座っています」と突っ伏して言いました。

それをお寺のお坊さんが見ていてびっくりし、「これは大変なことになった。そんなことをしてここで餓死されてはお寺が困る」。それで、「いったいどうしたのですか」と聞きますと、「自分には先生もいないし、だれとも何のつながりもありません。ですから、ただひたすら観音様にすがっているのです」と言うので、お寺の坊さんたちが困ってしまって、ここで餓死されてはかなわないから、「ひとまず食べるものをあげましょう」と、みなが代わりばんこに食べるものをあげました。それで、彼はずうっとそこに座りこんで祈りました。

満願の日の夢

そうするうちに、満願の日が来て夢の中に観音様が出てこられ、「いまからお寺を出て帰りなさい。お寺を出て帰るときに、どんなものでも手の中に入ったものは持って帰りなさい」と言われたのです。

男は、観音様に言われたので、「それでは」と寺を出ていったのですが、大門のところでつまずいて倒れた拍子に、わらしべを拾いました。これは、みなさんよくご存じの昔話、「わらしべ長者」のもとの話です。

男は「観音様の言われたとおりにしなくては」と思ってわらしべを持って歩いていきますと、アブが一匹ブーンと飛んできます。うるさいなあと思って、そのアブをつかまえてわらしべでくくって持って、また歩いていきました。すると、向こうから貴人の一行が来て、牛車の御簾の中にいる女の子が、「あれ何、おもしろい。あれ欲しい」と言います。

男は、観音様が「どんなものでも持って帰れ」と言われたので、わらしべを大事にして、そのわらしべにアブをくくって歩いていたのですが、「それが欲しい」と言われると、「これは仏さんにもらった大事なものだからあげられない」とは言わないのです。観音様さまからもらった非常に大事なものだけれど、「そんなに欲しかったらあげます」と言ってやるのです。ここが非常におもしろいところです。

すると、女の子がたいそう喜んで、「くれるのだったら大柑子《だいこうじ》（ミカン）を三つあげましょう」と言うので大柑子（ミカン）を三つもらいます。「わらしべが大柑子になった」というので喜んで歩いていきますと、今度は女の人が倒れています。そして、「のどが渇いて困っている」というので、「そういうことなら、大事なものだけれどこの大柑子をあげましょう」と言って、そのミカン三つをあげるのです。すると、お付きの人がすごく喜んで、「お礼に」と言って反物を三反くれます。

それでまた、反物を三反持って歩いていきますと、立派な馬を引いてやって来る人がいる。ところがその馬が、目の前でバタッと倒れて死んでしまいます。ここからがおもしろいんです。それまでは、転んでわらを拾った、次は、「欲しかったらあげるわ」で、さらに、「のどが渇いてるのだったらあげるわ」というようにしていた人が、ここでは急に態度が変わります。馬が倒れたのを見て、長谷寺のほうに向かって拝み、「観音様。もし本当に私を助けてくださる気があるのでしたら、この馬を生き返らせください」と祈るのです。

その祈りはそのときすぐには効力が出ません。しかし、男は反物を三反やって、馬と鞍とを譲り受けます。相手は、「こんな死んだ馬なんて何の価値もない」と困っていたところに、反物を三反もくれると言うので交換します。交換すると男は、長谷寺のほうへ向かって「馬を何とか生き返らせてください」と祈ると、観音様の力で馬が生き返ります。こうして、一本のわらがとうとう馬にまで変わってしまいました。

「たった一人」という経験

男は、その馬に乗ってさらに旅を続けますが、その馬は次にどうなったのか。今度は馬を売るのです。京都へ出て行くのですが、馬を買う人がいないかなと思っていると、「馬を田畑と換えてくれ」と言う人がいます。そして田畑と馬を交換します。鳥羽の近くの田んぼ三町と馬を交換して、そこで田を耕してだんだん長者になっていく。そういう話です。

これがよく知られている「わらしべ長者」の話です。もともとはこういう物語本に載っていたお話ですが、これが「むかし、むかし」というように、いまに語り伝えられているのです。

私はこの話がすごく好きです。この話は、ある人が係累が全部なくなってたった一人になってしまう。そういうところから話が始まります。みなさんのなかでそういう体験をされた人がいるかもしれませんが、人間が本当に一人になったときは、絶望的になります。

たとえ親やきょうだいがいたとしても一人になることがあります。一人になるということは、親もわかってくれない、きょうだいも全然わかってくれない、子どもも友人も、だれもわかってくれない。わかってくれないどころか、馬鹿にされるときもありますし、あるいは排斥されるときもあります。

「この世にたった一人だということを経験したことがない」という人は、残念ながらわらしべをつかんでもあまりよいことは起こりません。やっぱり、あとにすごいことが起こるためには、「ただ一人」という体験がいるのです。人間は本当に自分の道を歩もうというときは、どんなに友だちがいてどんなに親戚がいても、たった一人なのです。

この「わらしべ長者」というのは、最後はすごい田んぼ持ちの長者になります。しかし、これは単に金持ちになったという話ではなくて、内面的に考えますと、「非常に心の豊かな人だった」というように読み変えることができます。そういう心の豊かな素晴らしい人間になるためには、「一人だという体験」、あるいは「孤独の体験」というのがいるのです。

自分がいまここでやろうと思っていること、自分がいま心に考えていることをだれもわかってくれない、だれも賛成してくれないというくらいまで追いつめられた孤独の体験がないと、なかなかすごいことはできない。

たとえば、宗教的な人にはそういう体験をしている人が多いです。たった一人になって、一人で自分の道を開いていく。みんなそうだと思います。もう、おすがりするのは観音様だけというのが、つまり「私がこの世でつながっている人は、答えをくれない。どんなに親しい人でも答えはくれない。ただ、観音様にすがるよりしようがない」というように、自分を全部そこに賭けていく。こういう体験はされた人はわかると思いますが、なかなか大変なことです。

私のところへ相談に来られる人には「たった一人だ」という体験をした人が多いです。「もう、八方ふさがりです」とか、「もう、死ぬほうがよっぽど楽です」とか、あるいはもっとはっきりと「この世にいないほうがいいと思う」とか、あるいはちょっと違う言い方をする人は、「私は生きていく価値のない人間です」と言われる。

生きている価値がない。なぜ価値がないと思うのか。友達も評価してくれない、親も評価してくれない、だれも自分を認めてくれない。たった一人です。それで、「死んだほうがましです」と言われます。ですが、本当は話はそこから始まるのです。

偶然こそが大切

そこから始まるのですが、そのときに大事なことは、私が答えを言うのではありません。私のところに相談に来られて「もう死にます」と言われて、「いやいや、死ななくてもよろしい。よくなりますよ」とか、「ものすごいもうかる話がありますよ」とか、「あなたには才能がありますよ」とかいうことを、私は言いません。だいたい、話を聴けば聴くほど私にも答えがないのです。だから、聴いているうちに、「あなたはこうしたらよろしいでしょう」などと言えることは、まずありません。

私に何がわかっているかと言うと、「死なずに頑張ってください。そうすれば何か答えが出てきます」ということだけです。「どうなりますか」と言われたら、やっぱり観音様にでもすがるしか仕方がない。しかし、私は別に観音様を信仰しているわけではありませんので、観音様とは言いませんけれど、どこからか答えが出てきます。

この人の場合は、観音様が出てこられた。そして、「何でもいいから手に入ったものを大事にせよ」ということで、偶然わらしべが手に入るのです。私はこの頃、その「偶然」というものがすごく大事なことではないかと思っています。

「何もしない」という頑張り

私のところに来られる人のなかに、私に話をしたらもう絶対助かる、と思って来られる人がいます。あるいは、私に話をしたら、私が「はい。こうしたらよろしいです」と答えを言ってくれると思っている人がいます。

ところが、私は「答えは何もありません。答えはないけれど話は一生懸命聴きますので頑張りましょう」と言うだけです。なかには、「何や、あれ。カウンセリングとか言っても何にも助けてくれないし、『何にも答えはないけども頑張りましょう』などと、人を馬鹿にしているではないか」「あんなやつには、もう頼ってもしようがない」と思って帰る人もいます。

あるいは、なかにはこう思う人がいます。「だけどあの人はものすごくわかってくれる。この私の、悲しい気持ちをあれだけわかってくれて、あれだけ同情してくれたのだから、せめて手紙の一本ぐらいはくれるだろう」と。何もできないけれど手紙が来て、「あなたの考えていることはよくわかる。私も何とかいろいろ考えてみますから頑張りましょう」と、手紙ぐらいは来るのではないかと思う人が結構いるようです。

そして、たとえば「次は来週の木曜日に会いましょう」となったとき、その木曜日までの間に手紙が来たら、あいつのところへもう一度会いに行こう。手紙もよこさないようなやつだったら、次から行かないでおこうと思う人がだいぶおられます。

この気持ちはわかります。だれからも見捨てられて、もう死のうかと思っているのに、あの先生だけは話を聴いてくれた。そこまでわかっているのだったら手紙の一本ぐらいくれるはずだ、と思うのです。そう思って郵便箱をいつも見ていた。

そこへ手紙が来ます。喜んで見ると、私からの手紙ではない。いままで忘れていた友だちからの手紙で、「一度会いに来ないか」と書いてある。それで、「どういうことだろう」と思って、最近一〇年ほど会っていなかった友だちに会いに行くと、向こうも「何かしらないけれど、おまえのことが気になってな。今日は泊まっていけ」と言います。そして、泊まって、御馳走になって、いろいろ話をしていたら友だちがものすごく同情してくれて、「いますぐにはできないけど、一緒に何か考えようじゃないか」と言われ、その人はものすごく喜んで帰ってくるわけです。

そして、「カウンセラーというのは薄情なもんだ。手紙の一本もくれないけれど、まあ、『こんないい友だちが現れた』ということぐらいは話しに行かないと」と思って、次も私のところに来ました。そして、「正直に言うと、先生は、手紙ぐらいくださると思っていましたけれど、何もしてくれませんでしたね。ところが、友だちがこんなことをしてくれたんですよ」というような話をしているうちに、だんだん元気になるのです（笑）。「こんなことをしてくれた人がいる、自分はみんなから見捨てられたんじゃない」というわけで、張り合いができて「また来週も来ます」となります（笑）。そういう人が実際におられました。

そういうときに、「偶然」というのはすごいなと思うのです。そして、「手紙を出さなくてよかったな」と本当に思います。実際のことを言うと、何度書こうと思ったかしれません。これを書かなかったら、ひょっとしたら相手は死ぬかもわからないのです。私だけが窓口で、あれだけ話を聴いたのですから、私から「手紙が来る」と絶対思っているだろうということは、だいたいわかります。それで何回も書きかけたのですが、何かわからないけれど「出さないほうがいい」と思ったのです。

というのは、われわれがそれをやり出しますと、私は観音様ではなくて人間なのに、観音様の代理のようになってしまいます。あっちへ手紙を出し、こっちへ手紙を出し、あっちへ走り、こっちへ走りということになりますが、これは絶対にずっとはできないことです。とてもできないことをやり出しますと、私自身がつぶれてしまうか、ぐちゃぐちゃになってしまいます。

奇跡の起こるとき

それで、私という人間ができることを考えます。私ができることは、人の話は聴くけれども手紙を出すことはできない。そういう気持ちがあって、私が手紙を出さなかった。そこへ友人の手紙が来て、「こんな友人ができた」というので、この人は心がすごく踊ります。その心の動きで、「世の中はまだ捨てたもんじゃない。おれにはまだ脈がある」と思って、その人が違うほうへと動きだすわけです。

そういうときに、私は直接役に立っていないというところが非常におもしろいのです。役に立ったのは友だちです。私が手紙を出していなかったから、よかったのです。うっかり私が先に手紙を出していたら、友だちの手紙が来てもそれほど喜ばなかったかもしれません。こういうおもしろい偶然が作用して、人間は救われていくというところがあります。

私はよく思います。常識で考えてもあるいは学問的に考えても、もう答えはないし何もやりようがない。こう思う一方で、いつも思うのです。「偶然が起こるかもしれない」と。それを「奇跡」と言う人もいます。それがまた、すごく不思議なことに起こるのです。

しかし、そこまで行こうと思うと、よほどのところ――死ぬか生きるかというところまで行かなければならない。みなさんが今日帰り道で「わらしべ」を拾っても、あまり意味はないと思います（笑）。命がかかっていないからです。わらしべに命がかかっているというのはすごいことです。そこまで行かないとだめで、そこまで行ったところでつかんだわらしべだから意味をもつのです。

お任せの心境から転回へ

もっと大事なことは、わらしべを拾った男が観音様を信じたということです。うっかり転んでわらしべを拾ったとき、普通の人なら分別が出てきます。観音様に「どんなものでも」と言われていたのに、「あっ、わらしべか。これはやめとこう。次、何を拾おうか」と考えるだろうというこことです（笑）。それでもう一回転んでみても、何にも拾わなかったりします。男は、「いちばんはじめに手に入ったものが、わらしべであろうと何であろうと、おれは観音様の言われたとおりにしよう」という気持ちで、わらしべを拾います。

アブが飛んでくるというのもおもしろいですね。みなさんも、すぐ近くにブーンとアブが飛んでいることがあるのではありませんか。私などはしょっちゅうあります。新聞を読んでいると、すぐ飛んできます、「あっ、宝くじで一千万円もうけたやつがいる。おれも買おうかな」、これはアブです（笑）。「あ、株でもうけとる。惜しかったな、あのとき買っときゃよかった」、これもアブです。ブンブンと辺りを飛び回っている。その飛び回っているのをつかまえて、ちゃんとわらでしばらないといけない。

アブばかり気にしていては何もできません。一人になって、「もう、私は死ぬ」と言っていても、「ひょっとして、何かいいことがあるのではないか」とか、「だれか助けてくれないかな」とか、そういうアブの類というのはいろいろあるわけです。それをきちんとつかまえて、さらに行くと、欲しがる人が出てきて「欲しかったらあげましょう」となる。

ここが大事なところです。観音様のお告げで得た大事なものでも、「欲しがる人がいたらあげましょう」という気持ちがなかったならば、うまくいっていません。わらしべがミカンになった。大事なミカンだけれど、欲しがっている人がいたらあげましょう。これは主体性がないと言えばない。けれども、見ようによれば「お任せしている心境」と言ってもいい。観音様にお任せしているのです。

そうは言っても、任せてばかりいても仕方がありません。任せきりではなくて、馬が死んだときは俄然変わります。馬が死んだのを見て、この死んだ馬を買います。「観音様。本当に私を助けたいと思うならこの馬を生き返らせてください。そうでなければ、私はここで死んでいい」というものすごい賭けをします。「いっそのこと、この死んだ馬を手に入れて賭けてやろう」ということですね。

いままではお任せでやってきたのですが、どこかで「本当にそうですか」と問い、そして「これがだめなら、死んでもいい」と、思いきった賭けに変わる。この転回するところがなかったなら、人生はなかなかうまくいかないのです。ここが非常に大事なところです。

心を豊かにするために

はじめのうちはお任せで来ているのだけれど、ある時点で思いきった転回をする。転回して馬が手に入ってからあとは、ちゃんと物々交換をしている。このあたりになると、通常の世界のことになります。そうですね。喜んでわらしべを持ったときとは、もはや違う世界です。

最後のほうになると、上等な馬だからそれにふさわしい田んぼと換えようとする。普通の物々交換です。だから、だんだん現実に近寄ってきたところでは、非常に現実的にその馬に等しいものに換えて、それで得た田んぼは自分で耕す。そしてそれを増やして長者になっていく。そのときはもう、完全に通常の世界です。

通常の世界へ帰ってきたときには、それをやり抜くことのできる力がいります。それをやり抜いていかないといけない。いつまでもわらを持っていたのではだめなのです。いちばんはじめはどんな馬鹿なことでもお任せしてそれにすがっていく。そういうところから始まり、どこかで転回して自分で賭けてみる。賭けてみて、普通の世界のほうへ踏みだすということです。

この物語は、最後は普通の世界のこととしてちゃんとしっかりやらなければいけない、というところが、非常にうまく書けています。

はじめに言いましたように、これは長者の話だからお金をもうけた話というように読む必要はなくて、人間の心が本当に豊かになる、つまり自分の心を本当に豊かにするためにはどういうことが大切なのか、ということが語られていると思って読むといいです。

豊かになることの話のはじまりは、「ものすごい孤独」です。そして「飢え」です。もう、食べるものがない。あるいは、飢えと言っても、心の飢えを言っていることもあります。「私はだれにも愛されていない」「だれも私のことをわかってくれない」などという状況です。そのように読んでいきますと、この中世の物語が全然荒唐無稽なものではなくて、非常におもしろいものになっていきます。

今日の話を聴かれておもしろかったと思う人は、だまされたと思って、中世の物語を読んでみてください。読んでいるうちに、「これはわらしべと同じだ」と思われることもあるでしょうが、案外、そこからわかっていただけることがあるかもしれません。

第5章　病をいかに受けとめるか

今日の講演は、私の亡き弟（故河合逸雄氏）がてんかんのことを一生懸命にやっておりました縁で、こうした機会をいただきました。何かお役に立ちたいとは思っていたのですが、てんかんとは直接的には結びつかないことも多いですので、今日は日頃考えていることをお話ししたいと思います。

弟とはよくいろいろな話をしたり、いろいろな頼みごとをしたりしていたのですが、弟が言ったことで非常に印象的だったことが一つあります。そのことについて最初にお話しします。

われわれのところに来る子どもは、はじめは多動だとか急に途方もないことをするといったことで相談に来られます。しかし会ってみると、どうもてんかんではないかと思うことがあります。ところが、そういう人に、「精神科医を紹介しますからちょっと行ってみてください」と言うと、嫌がってなかなか行かないことがあるのです。「精神科」という名前のせいですね。もっと違う名前だと行ったかもしれないなと思います。

精神科に行くと、すぐに脳波をとられます。それはよいのですが、脳波をとると脳が変になるのではないかと思っている人がいます。また、脳波と電気ショックを混同している人もいて、「行くとすぐに電気ショックをかけられるのではないか」と言う人もいます。そこで、「そういう人に精神科に行ってもらうにはどう言えばいいと思うか」と弟に聞いてみました。

弟が教えてくれたのは、「もしてんかんとわかったら薬を飲んだらいい。薬を飲んで発作が起こらなかったら、一生何も起こらないままで行くことができる。これは、近視の人が眼鏡をかけているのと同じだ」ということでした。私は確かにそうだと思いました。自分が眼鏡をかけているから病気だ、と普通は思いません。眼鏡をかければ何の問題もなく普通に暮らしていける。それと同じことで、「薬を飲んだら普通に暮らせるのだから、てんかんの薬は眼鏡みたいなものだ」と言うのです。

これはなかなかよい方法だと思って、それからよくその説明を使いました。私は何人かを弟のところに紹介して、非常に感謝されました。薬を飲めば、あとはまったく普通です。子どもの場合は、だんだん薬を飲まなくてもよくなる人もいて、それは非常にうれしいことです。しかし、やはりはじめて精神科に行くときは少し抵抗を感じるようですので、弟に教えてもらったことを伝えるようにしています。本当によいことを教えてもらったと思っています。

これは弟の思い出とてんかんに因む話ですが、今日は「病をいかに受けとめるか」というお話をしたいと思います。

病気と悩み

私のところに相談に来られる人は、「病気」と言うよりは「悩み」のある人が多いわけです。いろいろな悩みをもって相談に来られます。もちろん、なかには病気と言ってもよいような人もいます。ノイローゼの場合などは、病気と言えば病気ですし、病気でないと言えば病気ではない、どちらとも言えます。

この頃は不登校の子がたくさんいて、親御さんが、「子どもが学校へ行かないのだけれど、どうしたらよろしいか」と相談に来られるのですが、学校へ行っていないというのはやはり、病気と言えば病気、病気でないと言えば病気でない、どちらとも言えるわけです。ともかく私のところに来る人は何らかの意味で悩みや、困ったことがある人です。「最近、うれしいことがあったのでお話しに来ました」という人は、残念ながら一人もいません。

あるとき、「遺産をたくさんもらいすぎて困った」という人が来られたことがあります。ずいぶんみすぼらしい、しょげた格好をした四〇代の人でした。経済的に困っているのかと思ったらまったく逆でした。予想外に途方もない遺産が転がり込んできて、非常に困っているというのです。周りのみんなが知っているので、すぐ「おごれ」と言われる。おごっても誰も喜んでくれないし、当たり前のような顔をしている。「寄付を」と言われてしなかったら「けち」と言われるし、すれば「遺産をもらったと思っていい気になっている」と言われる。結局のところ何をしてもよいことがなくて、どうしてよいかわからない。だんだん憂うつになってきて、気分が沈んで、死んだほうがましだというくらいになって、相談に来られました。

私はその人に、「あなたの病気は診断名がついておりまして、それは『遺産過多』というものです」と言いました（笑）。この話をすると、「ああ、おれも『遺産過多』になってみたいな」とほとんどの人が言います。誰でもお金が欲しいと思っていますから。ですが、本当にもらったら大変ですよ。その証拠に、宝くじで何千万円も当たった人は、不幸になった人のほうがよほど多いんです。これは追跡研究があります。たくさんお金をもらって幸福になった人はむしろ少なく、不幸になった人のほうが多い。

「クリエイティブ・イルネス（創造の病）」

人間の幸福や不幸というのは、本当に不思議なものです。病気にもそういうところがあります。病気のことで、私が非常に感心して拠り所としている考え方があります。「創造の病」という考え方です。創造というのは「ものを創り出す」「クリエイトする」ということで、「創造の病」は英語で「クリエイティブ・イルネス」と言われます。私は、この「創造の病」という考え方が非常に好きです。それがどういうところから来た考え方か紹介します。

私はスイスに行ってユングが開いた研究所で勉強してきました。私が行ったときにはもうユングは亡くなっていましたけれど。ユングは、はじめにフロイトと協調して精神分析学という学問を開いた素晴らしい人です。そのフロイトやユングの業績をいろいろ研究した人がいます。エレンベルガーという学者です。彼は単なる業績の研究だけではなくて、フロイトとユングの生涯、生き方も含めて研究したのです。「創造の病」というのはこのエレンベルガーという人が言いだしたことです。

エレンベルガーがフロイトやユングの伝記をよく調べてみると、フロイトもユングも中年の時期に相当な心の病にかかっていたことを知ります。フロイトはノイローゼと言ってよいと思いますが、乗り物恐怖症でなかなか乗り物に乗れなかったようです。また、あまり腹が立つと失神してぶっ倒れるなど、いろいろなノイローゼの症状をもっていました。『自由からの逃走』の著者として知られているエーリッヒ・フロムも乗り物恐怖症でした。特に飛行機に乗れなかった。だからどんなに遠いところに行くのでも列車でゆっくり行ったそうです。

ユングの場合は、ノイローゼどころではなく、もっとひどい。幻聴が聞こえたり、幻覚が見えたり、普通の医者なら「統合失調症」と診断するくらいのすごい症状に悩まされています。

フロイトもユングもそういう病になって落ち込んで、そこから回復したときに、自分が病を克服したことを基本にして、非常に創造的な仕事をします。フロイトの場合は「精神分析」という学問を打ち立てていき、ユングはユングで自分の心理学の体系を創っていくのです。

中年期の病気

エレンベルガーはそういうことに気づき、ほかの人たちのことも研究してみました。すると、非常に創造的に活躍している人の多くが中年期に病気をし（それも心の病が多いのですが）、それを克服し、そのあとに創造的な仕事をしていることがわかりました。そこで彼は、病気を患ったこと、そしてそこから治っていくということが、その人にとって何か創造的な仕事をする大事な契機となっているのではないかと考え、それを研究して発表したのです。

エレンベルガーの発表に基づいて、その後アメリカでいろいろな学者たちが、契機になるのは、フロイトやユングのような心の問題に限ったことではないのではないかと考え、もっとほかの芸術家や傑出した学者たちについても研究をしてみました。すると、そういうクリエイティブな仕事をしている人たちは確かに病気になっている人が多い。しかもその病気が、必ずしも心の病とは限らず、体の病にかかっている人たちもいることがわかりました。

そういう人で、われわれがすぐに思い当たる日本人といえば、夏目漱石です。夏目漱石は心も患っていますが、体の病にもかかっています。いちばんはっきりしているのは胃潰瘍で、血を吐いて死ぬというところまで病んでいます。修善寺で血を吐いて倒れたとき、やって来た医者が、「これはもう死ぬだろうから、家族を呼んだらどうだ」と、ドイツ語で話します。ドイツ語で話すと患者は普通わからないのですが、夏目漱石はドイツ語ができましたので医者の言うのを聞いて、俺もとうとう死ぬらしいと、わかるのです。

ところが、漱石は奇跡的に助かります。そして、そこから彼の作風はがらりと変わりました。修善寺で胃潰瘍の病気をするまでは、『我輩は猫である』『坊ちゃん』『草枕』といった作品を書いていたのですが、病気のあとの最初の作品は、『こころ』だったと思います。それから話が非常に深くなって、『道草』『明暗』などが書かれます。そのように作風が変わっていく中間地点に「胃潰瘍で死にかかった」ということがあるわけです。漱石のことを例に挙げましたが、世界中のいろいろな事例が集められ発表されました。

それから次に「中年の危機」という言葉も出てきます。それまでは、中年と言わずに「壮年」と言っていました。いちばん血気盛んで、いちばん仕事をやっていると思われている年頃ですけれど、実はそこに一つの危機があるということが心理学のほうでもだんだんわかってくるのです。大事なことはその危機の経験がその後の非常にクリエイティブな仕事につながるということです。

ですから、エレンベルガーはそれに「クリエイティブ・イルネス」、つまり「創造の病」という名前をつけたのです。私はそれを読んで素晴らしいと思いました。

天才岡潔は「嗜眠性脳炎《しみんせいのうえん》」

このような話はフロイトやユング、それから漱石のような人たちだけでなく、身近なところにもありました。もう亡くなられましたが、天才的な数学者、岡潔先生もそうです。私は京都大学の数学科出身なので、いわば大先輩です。私は病気にもならなかったので全然天才にはなりませんでしたが、大先輩の岡潔先生は、多変数関数論というものを考えて、文化勲章をもらわれました。しかし、その論を発表するまでは、本当に「病気ではないか」とか、「へんてこな人」としか思われていなかったと言います。

岡潔先生の友人に吉田洋一という人がいます。吉田洋一は『零の発見』（岩波新書）という本の著者として有名です。岡先生はその吉田洋一のところによく遊びに行っておられたのですが、吉田洋一の奥さんが、いつ来てもぼーっとして寝てばかりいる岡先生に、「嗜眠性脳炎」というあだ名をつけていたそうです。そこから抜け出たときに岡先生はすごい論文を発表されるのです。その論文が出るまでは岡先生のような人でも、普通の人が見ると本当に病気としか思えないような状況にあったのです。

しかし、私のように数学科を出ただけで数学を何もやらなかった者には、こういう話は関係ないと思っていたのですが、この頃は、拡大解釈をしていけば、誰にでも当てはまるところがあるのではないかと思うようになりました。

私のところには、何かの悩みや苦しみをもって来られる人が多いわけです。それは一種の病気とも言えるので、来られた人は非常に残念に思いながら来られます。けれども、その病気が案外あとで役立っていることがよくあるのです。

一人だけ学校に行かない

もうかなり昔のことですから、ここでお話ししてもよいと思います。これは私が会っていたのではなくて、私の同僚が会っていた人の話です。

その人は確か、男三人兄弟の二番目で、当時中学校一年生だったと思いますが、学校に行かなくなりました。この頃は学校に行かなくなる人が多いのでそれほど特別なことのように思われませんが、その当時は学校に行かないなどと言うと、よほどの変わり者だというように周囲から見られ、親にしてもたまらない感じでした。ですが、「いちばん上の子はきちんと学校に行っているし、下の子も行っているのに真ん中の子だけが行かない。親は三人を同じように育てているのだから、真ん中だけがおかしいというのは親のせいではなくて、本人が悪いに違いない」というわけで、親も何とかしようという気にならないし、周りの人もやる気がしない。

子ども本人は「学校に行こう」と思うのですが、なかなか行けない。「不登校」と言っても実際いろいろあるのですが、本当に行けない子というのはどんなに頑張っても行けないのです。前の晩に時間割どおりきちんと準備をしていても、朝玄関まで出るとどうしても足が動かなくなる。その子もそうでした。仕方がないので、とうとうお母さんがその子を連れてわれわれのところに相談に来られ、私の同僚が会うことになったのです。

これは誰でもそうなのですが、そういうお母さんが来てはじめに言うのは、だいたいみな同じです。「どうして行かないのでしょう、何か病気と違いますか」。極端な人は、「頭がおかしいのと違いますか」などと言う人さえいます。われわれはきちんと会っていますから、そうではないということがわかる。それで、「そんなことはありません。病気でもないし頭がおかしいのでもない」と言います。すると、「では、どうして行かないのでしょう」「どうして行かないかはちょっとわからないけれども、一緒に考えていきましょう」ということになります。

あらわれる真相

「よその子はみんな行っているのに、どうしてうちの子は行かないんだろう」とか、「育て方が悪かったなんて言われるけれど、三人同じように育てているのに」とか、そういう話がひと通りあります。それを一生懸命聴いていると、そのお母さんが、「ああ、この人はものすごく話を聴いてくれる、何を言ってもきちんとわかって聴いてくれる」とわかってきます。そうなると、子どものことはさておいてお母さん自身、本当に言いたいことが出てきます。

実はうちの主人は家にいないことが多い、出張によく行く。けれども、本当は出張ではないことを自分は知っている。出張と称してほかの女のところに行っている。そういうことを自分はわかっているけれども、うっかり喧嘩をして、離婚ということになったら困る。(昔ですから女の方は働いておられませんので。)

しかし、自分は本当は腹が立って仕方がない。主人の悪いところは、子どもに正面きってものを言わないところだ。子どもが学校に行かずに自分の部屋にひっこんでいるときは威勢よく、「なんだ、あいつは。学校くらい行ったらいいではないか。みんな行っているのに」などと言うけれど、子どもが部屋から出てくると急に元気がなくなって、話をそらしてしまう。今日こそは頑張ってもらおうというときには、出張でまたいない。「ああいう男はけしからん」という話が、奥さんの口からだんだん出るようになってきたのです。

家庭内に起こる衝突

子どもがやって来ると、われわれは一緒に遊ぶのですが、やはりそういう子は元気がありません。しかし、一緒に遊んでいるうちにだんだん元気が出てきます。自分の気持ちを表現するとか、自分のやりたいことをやってみるとかして、元気になっていきます。

これまで、お母さんもおもしろくないと思って生きているし、子どももおもしろくないと思って生きているんですが、われわれと会っているうちにだんだん元気が出てきます。そうすると、だいたい家の中で衝突が起こります。それまで、われわれは待っているのですが、とうとう、うまい具合に衝突が起こります。

ずいぶん昔のことですが、扇風機が重要な役割を果たしたので、衝突が起こったのは夏のことです。暑いので扇風機にあたってごろごろしている息子に、元気になってきたお母さんがついにたまりかねて、「あんたは何をごろごろしてるの！　こんなごろごろするくらいだったら学校に行ったらどうよ！」と言ったのです。

言われた子どものほうも強くなっていますので、「行けないから、行ってないんだ。何もさぼって行ってないわけじゃない。行きたいと思っても行けないからこうしてるのに、その気持ちもわからないで、なんだ！」と言って、扇風機を持ち上げ床にたたきつけたのです。

その頃は扇風機と言うと、「三種の神器」と言われている電化製品と同じくらい大事なものでした。いまは扇風機を壊してもほとんど驚かないと思いますが、当時ですから、扇風機を壊されたのでお母さんは非常にびっくりして、すぐに会社に電話をかけて、「お父さん大変です。あの子が扇風機を投げて暴れてる。早く帰ってきて！」と言います。

お母さんの迫力があまりにすごいので、お父さんは仕事が五時に終わると急いで帰ってきます。あとから聞きますと、そのお父さんが五時に仕事を終えて帰ってきたのは、はじめてのことだったそうです。大急ぎで帰ってきたお父さんも頭に血がのぼっていますから、家に入ってくるなり玄関にあったバットを持って、「〇〇、出てこい！」と息子の名前を呼んで、「しばいてやる！」と怒鳴りました。

すると、子どもはひらりと窓から逃げ去ります。しかし子どもにあとから聞きますと、「あんなに格好いいお父さんは、はじめて見た」と言います。お父さんと言えば、いつもしゅんとしてしょぼしょぼしていたのに、バットをかざして怒鳴ったあのときは、本当に男らしかったと子どもは感激していました。

浮かび上がる親の問題

お父さんのほうは、怒鳴ったものの子どもは逃げてしまったので、奥さんと一緒にそこらじゅうを捜します。ところが子どもは上手に逃げて見つからない。そのとき、奥さんの言ったことがまたいいのです。「考えてみたら、夫婦心を合わせて一つの仕事をしたのは、はじめてでした」。心を合わせてやったのですが、見つからない。晩ご飯を食べても帰ってこない。そこでとうとう夫婦が話をしだします。

お父さんが、「あいつがあんなふうになったのは母親が悪いからだ。だいたいお前は、晩ご飯もちゃんと作ってないときがあるじゃないか。わしが帰ってきてもご飯がなくて、店屋物を取ったり、いい加減なことをやっている。掃除もいい加減なやり方をするから、ゴミが隅に残っていたりする。母親がちゃんとやれば、子どもも生活をちゃんとするはずだ。それをお前がやっていないのが悪いんだ」と言います。

奥さんのほうも元気が出てきて、「何を言ってるんですか。私のことを悪い、悪いと言っているあなたは、出張のときいったいどこに行ってるんですか。どこに行っているのか、私は全部知ってるんですよ」などと言いましたので、今度は、ご主人のほうがびっくりしてしまいます（笑）。「だいたいあなたの姿勢が悪い。父親がちゃんとまっとうな生活をして、まっとうに生きていれば、子どももちゃんと生きられるだろうに。自分が勝手気ままなことをしているのに、私にだけ文句を言うのはおかしいじゃない。だいたい、あなたが時間どおりにきちんと帰ってきてくれたらご飯も作るけど、帰ってくると思って待っていると出張だと言って帰ってこない。だから作る気が起こらないんだわ」と言うのです。

そうするとまた男のほうにも言い分が出てきて、「本当のことを言うと俺は、お前と結婚してしばらくしたら、会社を辞めて開業しようと思ってたんだ」と言います。ところが、奥さんのほうがどうもそういうことは苦手のようなので、こんな調子では開業してもうまくやっていけないだろう、ということで会社に勤めている。しかし、どうしても腹が立ってしかたがない。本当なら自分で仕事をしてもっと稼げているはずなのに、会社に行くと月給制だから収入が少ない。それでむかむか腹が立ってきて、おもしろくないからどうしても他所へ行ってしまうんだ。だから、お前がきちんとして、俺が開業できるようにしてくれれば、別にほかの女のところに行くこともないんだ、と言います。

するとと奥さんも、「あなたがそう言ってくれたら、私もはじめからそうしたのに」ということで、「それなら二人で家の生活設計を変えよう」というところまで来ます。「それにしても、あいつが学校に行かないのにはげんなりする。家で開業しても、いつも奥の部屋であいつがごろごろしているのを見ていたら、きっと腹が立つだろう。あれが学校へ行ってくれたら、われわれもちゃんとできるのに」と。

そこへ、逃げていた子どもがいい具合に帰ってきます。父親と母親はその子を呼んで話をします。そこは偉いと思いますね。「お父さんとお母さんは、開業して頑張っていこうという話をしたんだ。だけどお前がその横でごろごろしていたら、そんな元気が出てこないわ」と言います。それを聞いて子どもは、「お父さん、お母さんが本当にそうするんなら、ぼくは明日からでも学校へ行く」と言ったそうです。そして実際にその子は学校へ行きます。お父さんは開業をし、「めでたし、めでたし」の締めくくりになりました。

その話を同僚から聞いたときに、「三人兄弟のなかで、真ん中の子がいちばん力があったのではありませんか」と私が聞くと、「そうです」と言っておられました。その子はずっと休んでいたのですが、学校へ戻ってすぐ成績優秀になりました。

重荷を家族全体で背負う

おもしろいのですが、家族というのは、家族全体で家の重荷を背負っているようなところがあります。そしてお神輿と一緒で、そのときに背負っている振りをしてぶら下がっている人がいるんですね。本当に肩を入れて担いでいる者と、手だけ持ってぶら下がっている者とがいる。「では、そのお神輿を担がされる人は誰か」というのは非常におもしろい問題ですが、これは簡単には言えません。

誰が担ぐかは言えませんが、一般論で言うと、力のある人か、いちばん力のない人です。力のない人に担がせたときはつぶれてしまいますから、非常に悲惨なことになります。力のある人が担いだ場合は、重い荷物を背負っているのですから、学校へ行けるはずがないということになります。

しかし、子どもはそんなことを考えて学校に行かなかったのではありません。そこは大事なところですので間違えないようにしなければなりません。両親を改悛させるために学校に行くのをやめたというのではなくて、どうしてなのかわからないけれど行けなくなるのです。ここが非常に不思議なところです。

どうしてなのかわからないけれど学校に行けなくなる。どうしてなのかわからないけれどぶつぶつ言って、重荷を背負いながらあれこれやっている。あれこれやっている間はだめですが、われわれのところに来て話をしているうちに、だんだん建設的なほうに向いていきます。人間の悩みというのは不思議なもので、一人で悩んでいると堂々巡りをすることが非常に多いのですが、しっかりと誰かに聴いてもらうと解決に向かうことが多い。話を聴いた人が何かアドバイスする必要もありませんし、またできないことも多いです。実際、どうしたらよいかわからなくても、じっくり話を聴いてもらうと、だんだん力が出てくるのです。

いまの話の場合などは、私はその子が学校に行けなかったことは、「創造の病」と呼んでもよいくらいではないかと思っています。この家族全体が、生き方を変えるのですから。その基礎にその子が学校に行けなかったということがあったのです。これはその家で立派な文学を書いたとか大発見をしたということではないけれど、生き方が変わるということは、すごいことではないかと思うのです。

自分の人生を創造する

こういうことに接していて、私がだんだん思うようになったのは、拡大解釈かもしれませんが、「創造する」ということは、なにも発明・発見や芸術作品についてだけを言うのではなくて、人間が生きていることそのものが創造的なのではないか、ということです。

どんな人も自分の人生を創造している。その証拠に、ここにいる人、一人ひとりが全部違う人生を歩んでいます。ちょっと似たところがあるとしても、まったく同じ人生を歩んでいる人は一人もいません。これは人間の歴史が始まって以来、ずっとそうではないかと思います。

私と同じ人間が鎌倉時代にいて……、ということはないと思います。いたかもしれませんけれど、まあいない。いまの世の中でも、まったく同じ人間がどこかにいる、ということはないと思います。みんなそれぞれ自分の人生を、自分だけのそれしかないものとして生きている。これは絶対に創造的です。だから、この頃私は、人間が生きているというのは、それだけでものすごく創造的なことなのだ、と思うようになりました。

生きていると、「自分はどうするのか」と、選択をせねばならないことがいろいろとあります。誰と結婚するのか、あるいはしないのか、学校も行くとか行かないとか、仕事も何をするのかたくさんあります。われわれは、それをみな選択して生きている。そのときに自分は自分の人生を創造しているのだと考えると、どの人にも創造ということがあると思います。

そう考えると、どの人にも「創造の病」ということがあるのではないか。その病を、体の病気や心の病気ということだけにせず、もっと拡大解釈したらどうだろうか、と私は思うのです。たとえば事故にあうことがあります。また、思いがけないところで大失敗をしてしまったり、会社でなぜか左遷されてしまうといった不幸や運の悪いことは誰にでもあります。自分は何も悪いことはしていないのに、部下が悪いことをしたために地位を奪われるということもある。また、せっかく自分は頑張ったのに、親戚の素晴らしい方がお金を借りにこられたりして、困ったことになったりします。そのように考えると、人生には本当にいろいろなことがあるものです。

われわれが「嫌だなあ」と思うようなことをすべて「病」と呼ぶと、人間誰しもいろいろなところで「創造の病」を経験している。それを「創造の病」だと思って受けとめるか、嫌なことだと思って受けとめるかという差があるだけではないかと思うようになったのです。

私のところへ相談に来られる人は、来るときはなぜかしら気分が沈んで何もする気がしないし、「死にたい」などという話をされます。非常にマイナスのように思えますが、私は「そういう病から何が生まれるんだろう」と思って話を聴いています。

「自分には何の責任もないのに、人に中傷されていきなり左遷されてしまった。もう何もする気が起こらない」と言って来られた場合でも、いまのマイナスがこの人のどんな創造につながるのだろうかと思って聴いています。そう思って聴いていると、また実際に変わっていかれるのです。非常に不思議でどうしてなのか私にはわかりませんけれど、一生懸命聴いていると、その人がだんだん自分で道を見つけていかれるのです。

キャリアのある女性の結婚

毎週やって来て、「先生をゴミ箱代わりにして申し訳ありませんね」と言われた人がいます。私がいまお話をしているのは、みな二〇年以上前の話ばかりです。新しい話はしてはいけませんので、古い話をしています。

その人は姑と喧嘩をしたり、ご主人と言い合いしたり、息子が何か変なことをしたなど、一週間の間にあった嫌なことがいっぱい胸の中にたまってむかむかしていることを、ゴミ出しの日のように私のところに持ってきて、燃えるものも燃えないものも出していく。

私は、「いいですよ。ゴミはいくらでも持ってきてください。このゴミの中にダイヤモンドが混じっていますので、この商売はやめられませんわ」と言いました（笑）。その人はゴミだと思っていますけれど、私が聴いていますとダイヤモンドだと思えることがあるんですね。磨けばダイヤになるというようなものがある。これからお話しするもう一人の人の話も、その典型です。

非常に能力のある女性で、やはり中年の方でしたが、やって来たときは気分が沈んで、普通で言ううつ病でした。それまでは職場で仕事をするのが大好きで、専門的な仕事ですからお金も相当もらっている人で、仕事をするのがうれしくてしようがなかった。それがいまでは職場に行くのが嫌で家から全然出られない。そして「私なんかどうせ何の役にも立っていないのだから、死んだほうがましだ」というようにすぐ思ってしまう、ということで来られました。そういう人でもこちらがじっくり聴いていますと、いろいろ話をされます。

その人はキャリアをもって専門的なことをやっている人でしたが、「本当は二〇歳くらいのときに思ったのは、結婚したら仕事はパッと辞めて、ひたすら家庭の主婦として尽くそうと思っていた。だから専門的な仕事をしていても、料理もできるし裁縫もできるし、いろいろなことができる」と言うのです。

その女性は家庭の主婦になろうと思っていたのですが、そんなに素晴らしい人ですのになかなか相手が見つからない。能力があって素晴らしい人ほど相手が見つかりにくい。だから、結婚できないまま年齢を重ねていました。とうとう、気持ちを切りかえて、結婚はやめて職業に生きようと思い直します。専門職ですから、職業によって世の中に尽くそうと決心して頑張ることにしたのです。

そこへ知り合いが、「一度お見合いをしてみませんか」と言ってきました。「もう私は結婚しないと決めていますから」と言うのですが、「とにかく一度会うだけ会ってくれ、会わないと私の顔が立たない」と言います。仲人はみな同じように言いますが、「それなら一度だけ会うことにします」ということで、会うことになったのです。

相手の人は奥さんが急病で亡くなられて、子どもが一人おり、その人のお母さんもおられるという家族構成でした。素晴らしい人だから一度会ったらどうかというので会うのですが、その女の人は相手に一目惚れしてしまいます。一度で好きになってしまって、仕事に生きようと思った決心ががらりと変わって、結婚しようと思います。その男性は本当に人格高潔で、いまどきめずらしく清らかな人でした。損得抜きで人生を生きている人だとわかったので、惚れこんで結婚することにしたのです。

結婚して、家庭の主婦になって頑張ろうと思っていました。ところが、「いや、あなたはそれだけのキャリアをもっているのだから仕事を続けてくれ。母親も同居しているんだから、炊事や洗濯は全部お母さんがするから、あなたは仕事に専念してくれたらよい」と言われて、「それならそうしましょうか」ということになります。

結婚の現実

しかし、何故だかわからないけれど、だんだん職場に行くのがおもしろくなくなります。私は、「そうですか」と言いながら話を聴き続けました。われわれは話を一生懸命聴きますから、だれであれ心の中にあることがだんだん出てきます。もちろん一回ではだめです。先ほど言いましたが、胸のうちにたまったむかむかするものをゴミ箱に捨てるように、私のところへ何回も来てゴミ箱代わりに吐きだすから出てくるのです。

その人に、「お義母さんはどういう方ですか」と聞きますと、はじめは、「本当に素晴らしいお義母さんで、あんなにきちんとして何もかもできるお義母さんはおられません」というようなことを言っていました。けれども、だんだん話を聴いているとちょっと違う話もするようになります。

その人はうつ病ですから、しんどくて寝ていると、お義母さんが「どうぞいくらでも寝てくださいい。あなたはうちの大事な嫁だから、掃除は私がしますから」と言って、さっさと掃除をされる。「お義母さんが掃除をされると、胸の上をさあっと箒で掃かれるような感じがして、居たたまれない。それでなんとなくそこに居づらい」というようなことを言いはじめました。

それから、その人が生まれ育った実家と、結婚した家庭とが全然違うということもわかってきました。実家のほうは商売をする家ですから、お金が割合入ってくるので、それを派手に使うというタイプの家です。おいしいものもたくさん作ってたくさん食べてというように、華やかに暮らしていました。

ところが結婚した家は、人格高潔ですが、そういう人というのはだいたいお金がないもので、そこの家もお金がなかった。それで慎ましく暮らしている。たとえば誰かが亡くなったとすると、香典は五千円にするか、七千円にするか、三千円にするかは当時は大問題でした。四千円という偶数はよくない。五千円は高いが三千円は安い。ではどうするかというので、香典は三千円にして何かお菓子でも買っていくか、という話が延々と続きます。

その人にしては、そんなことはうるさくてどうでもよかった。「もう、そんなの五千円でいいじゃないの」と思います。自分の家はわりとお金が入ってきたので、そういうことはすべてテキパキと動いていたのにと思います。婚家では何かあるたびに、みんなでいちいち相談しなくてはならない。だんだんみみっちくて暗い気分になってくる、という話をされました。

私はそれを聴いていて、人間というのは本当に不思議だと思いました。特に結婚というのは本当に不思議なもので、あまり考えずに結婚しているのですが、どこかで相補うような関係になっていることがすごく多いように思います。そして、一方でわかることですが、その人がいままで素晴らしい人で、職場でも好かれているし、よいことばかりだったように思えるのは、その人が一種の独身貴族だったからではないかと思います。

香典をどうするかとか、どこで節約するかというようなことは、結局はお父さんやお母さんが全部その人の代わりにやってくれていたわけです。自分は相当な月給をもらって好きに生きているので、人におごろうが香典を弾もうが、まったくこたえなかったのです。

人生における影の部分

しかし、人間が生きるということはそんなに甘いことではありません。本当は、その人の人生におけるいわば影の部分は、全部両親が代わりにやっておられたのです。ところが結婚によって、そういう影の部分を、徹底的に勉強しなければならないような相手のところに行った。これがまた不思議です。「それならもうちょっと違うところに行っておけばよかったのに」と思うのですが、結婚というのは知らず知らずのうちに、自分のいままでやってこなかったことを、一度味わわなければならないような人を選ぶことが多いんですね。

これは見合いでも恋愛でも変わらないようです。見合いをしてすぐに結婚したというときでもそういう人を選んでいますし、三年間も恋愛した末に結婚した人でも、影の部分を全然見ていないという人がとても多いです。三年も恋愛して結婚してから、「あいつは困る」などと言う人がいます。付き合っている三年間、いったい何の話をしていたのか。「星と蝶々の話ばかりしていたのだろう」と私はよく言います。

好きになってしまったら影の部分は見えないのですけれど、結婚して一緒に生きるようになると、いろいろなことが見えてきます。嫌いだけど付き合わなければいけないことや、どこでお金を節約するかというような現実的なことが出てきます。その女性は、そういうことが徹底的にこれまでの自分の人生とは違う家に嫁いだのです。片方は固く、慎ましやかに生きている。こちらは華やかに派手に暮らしている家です。

するとその人は、もう実家に帰りたくて仕方がなくなります。逃げて帰りたい。あまりしんどいので、一度実家に帰ります。すると、お父さんとお母さんが、「ああ帰ってきたか。ご飯は食べていくか」とは言いますが、「泊まるのは絶対いかん。結婚した女というものは、何もないのに実家に泊まるものではない」と言って泊めてくれません。その人は、お父さんとお母さんは温かい人たちだと思っていたけれど、とても冷たいところがある、と私に言いました。

八方ふさがり状態

しまいには一目ぼれで結婚した主人の話も出てきます。「主人は人格高潔で素晴らしい人だ」と思っていたけれど、本当はすること為すことが厳しくて、自分に面と向かっては言わないけれども、「お前は何をやっているのか」ということが遠回しに伝わってくる。そうすると、「あの人は私が好きで結婚したのではなくて、私の収入が目当てだったのではないか。だから、家庭の主婦なんかにならずに仕事に行けなんて言っているのではないだろうか」と思いだして、腹が立って、もうこうなったら職場で活力を得るしかしようがないと思うようになった。

その人はもちろん職場ではすごく好かれています。金回りもいいし、何でもよくできる人ですから。それで職場に行くと、みんなが「○○さんよく来たね。いくら休んでもいいよ。もっとじっくり休んでから帰ってきて。私たち、ちゃんとやっているからね」と言うので、やはり職場はいいなあと思ってぼーっと座っていました。

すると「あの人何なの。あんなに元気そうな顔をしているのに」と、茶碗を洗いながら話している人たちの声が聞こえてきます。うつ病の人というのは元気なときはまったく元気で、颯爽としているので、どうして会社に出てこられないのか、なかなか周りの人たちにはわかりにくいところがあるのです。

さらに「あの人は、だいたいそういうふうに勝手なのよ。できる人だけど、昔から身勝手で、好き勝手言って」という声が聞こえてくる。「ああ、自分は思っていたよりも職場で好かれていなかったんだ」ということに気がつくのです。そうすると八方ふさがりになります。職場もだめ、実家には帰らせてもらえない、婚家にいると死にそうになる。もう、あとは死ぬしかないとなります。それで、「もう死のうかな」ということになってきます。

存在をかけた勝負

その人はだんだん苦しくなって、私のところに相談に来るときでも約束している時間が守れなくなります。職場も休んで一日じゅう家にいるのですから、私が「三時」と言えばそのとおりに来ればいいのに時間どおりに来られないのです。私が三時からずっと待っていますと、三時二〇分頃になって来て、「すみません先生。もう出ようと思ったら電話がかかってきまして……」とか、「出ようと思ったらオーバーが破れていまして……」などと、いろいろなことがあって遅れてしまったと言い訳します。

われわれはみな、三時から三時五〇分までというふうに、時間を区切って会う約束をしています。だから、三時に約束したのを三時二〇分に来られても、三時五〇分までの約束ですから五〇分でやめます。ところがその人は、やめられないのです。何でやめられないかと言うと、三時二〇分から話しだして、そろそろ五〇分だからやめようかというときに、「先生ありがとうございました。本当にお世話になりましたけれど、これが最後のご挨拶です」などと言われると、「五〇分になりましたからお帰り願いたい」とは言えません（笑）。やはり「ええっ？」と思います。

それで少し話を聴くと、「もう死ぬ」という話になって、「何とか死なないで生きていてください」といろいろ押し問答になり、「何とか頑張ります」ということで帰って行かれるのです。そしてまた次も遅れて来る。遅れて来て、はじめから「もう死ぬ」と言われれば、こちらも最初から頑張るのですが、はじめのうちは雑談めいた話をしていて、今日は大丈夫のようだと思っていると、終わり近くになってだんだん死ぬ話になってくるのです。ですが、「はじめから死ぬ話をしろ」とは言えませんからね（笑）。

その人の場合は、あまりにしんどいから、どうしてもそうなってしまうのがわかりましたので付き合っていたのですが、こういう人の話に付き合って聴いているだけで、帰られたあとはこちらもへとへとに疲れてしまいます。

しばらくそういうことでやっていましたが、いくら遅れて来ても次は絶対五〇分でやめると、こちらもきちんと態度を決めなければいけない、と思うようになりました。遅れて来て必ずいろいろと言い訳をするのですから、こちらも、「たとえ死ぬと言ってもやめる」「やめると言えばやめるんだから」というくらいのファイトをもたないとだめだと思いました。「先生の時間をつぶしてもったいない。二〇分も遅れて……」などと言われても、「そういう言い訳はもういいですから、時間どおりに来てください。遅く来られても五〇分でやめます」と、今度は絶対言おうと決心しました。

私がそう思うときは、私自身も体調を整えて待っているのです。スポーツの選手と同じです。スポーツの選手は大会に臨むのに、きちんと食べるものを食べて、準備体操もして、体調を万全に整えます。それと同じです。こちらも体調を整えて待っていて、四の五の言い出したら、「なんのかんの言うのはやめてください。頼むから時間どおりに来てください。死のうと死ぬまいと私は時間どおりやりますから」と頭ごなしに頑張ろうという覚悟で待っていました。すると時間どおりに来られたのです（笑）。

あれは本当に感激しました。われわれの仕事にはそういうことが非常によく起こります。こちらも決心したというときに、その人も変わっているのです。それはやはり人間の能力ぎりぎりの勝負のようなものなのだと思います。

もつれた糸をほどく

いろいろ思い出すのですが、その人は八方ふさがり状態でした。職場もだめ、家もだめ、何もかもだめ。子どものことを言いませんでしたが、実の子どもではありませんから、子どものことも大変でした。そのこともあるし、他にもたくさんあるし、「いったいどうしたらよろしいでしょう」と言われます。けれども、どうしようもありません。

そういうときに私がその人に言ったのは、「これはもつれた糸みたいなものだ」ということでした。いまの若い人はもつれた糸をほどいて巻いていく、などということはやったことがないと思いますが、われわれは実際によくやりました。もつれ全体はほどけないので切らなければならない。もつれた糸の端を引っ張ると、糸がある程度の長さは出てきますが、もつれ全体はほどけないので切らなければならなくなります。ほどけば実際は長いものを、切ってしまうことになるわけですから、もったいないのです。

もつれている糸を全部生かそうと思うと、絶対に引っ張ってはいけない。それでは、どうしたらよいかと言うと、ふわふわさせるといいんです。ふわふわっとやっていると、だんだんふわふわっとほどけてくるのです。「……だからあなたも、職場も家も子どもも親も夫も、何かみんなもつれているのですから、一本の糸を引っ張ってはいけません。職場が大事とか実家に帰るとか、一本の糸を引っ張らずに、もつれた糸はふわふわっとやっていたらほどけてきますよ」と言ったことがあります。

一つのクリエイション

その人は、「なんとのん気なことを言う人だ。こちらは死にかかっているのに、ふわふわとは何事だと思った」とあとで言っておられましたが、本当にほどけていくときというのはふわーっとほどけてくるのですから不思議です。時間どおりに来られたときに、ふっと考え方が変わった。ふっと変わった見方で見ると、自分ほど何でもできてみんなに好かれている人間はいないという考え方ではなくて、自分もやはり嫌われているところもある。親もそうだし、子どももそう。そういうなかで、自分なりの人生を生きたらいいのだ、と思えてきたのです。

そう思えると、職場に行っていままでのように誰にも好かれて、いちばんよくできる人にならなくてもいいのだ。ある程度できて、月給にふさわしい仕事をしたらよいのだし、家でも、家庭の主婦として誰にも後ろ指を刺されないように炊事もなにもかもやって、などできるはずがないのだから、自分のできることからやろう、という気になってきたと言うのです。そうしたら、本当にもつれた糸がふわーっとほどけるように、いろいろな問題がだんだんほどけてきたのです。

傑作だったのは、元気になって実家に帰ると、お父さんとお母さんが「今日は泊まって行く？」と言われたそうです。それでその人が、「はじめのときは『結婚した娘は家に泊めない』と言ったじゃないの」と言うと、「あのときは、ああ言わなかったら、だめになると思った。いまお前をこの家に泊めたらこの結婚はつぶれてしまうし、お前もつぶれていくだろうと思った。だからここはもう必死になって、家に泊めずに追いかえしたのだけれど、いまなら、いくら泊まってもいいよ」と言われ、実際、実家に泊めてもらうのです。そうして治っていかれました。

これは、デプレッションの人が治って元気になったという話ではありません。その人は前よりも人生がはるかに豊かになっています。それまでは、いわばお嬢さん的善意というか、好き勝手にお金を使って、嫌なことは親にさせておいて楽しんでいた。ところが、結婚して、自分が責任のある人間として嫌なこともやらなくてはならないし、言いたくないことも言わなければならなくなった。そういうことを全部覚えていって、子どもともすごく仲良くなります。ぐちゃぐちゃにもつれていたものが、そのようにして、まさに一つの創造（クリエイション）を成し遂げていったのです。自分を変えていったわけです。

それぞれの対決のかたち

この人とはそれから何年かたって、町でひょっこり出会いました。とても元気にしておられて、子どもさんと一緒に楽しそうにしていました。「こんにちは」と言ってから、私は実はこの人のいちばん大事なときに「家に泊まるな」と言い、元気になったら「泊まっていい」と言われたお父さんとお母さんのことがすごく気になっていたので、「お父さんとお母さんは、お元気ですか」と聞きました。

すると、「私が元気になって、完全に婚家に落ち着いた頃に、父と母は同じ日に亡くなりました」と言われて、ものすごくびっくりしました。病気でお父さんか、お母さん、どちらだったかは忘れましたが亡くなられて、同じ日にあとを追うようにもう一人も亡くなられたそうです。二人とも安心して亡くなられた。もう大丈夫というわけです。

親というのはすごいと思いました。何かしら支えていて、もう大丈夫というところであちらに行ってもいいと思われる。まったくすごいなと思います。私は実は、そういう不思議な経験をすることがとても多いのです。

この場合もやはり、「クリエイティブ・イルネス（創造の病）」だと言っていいと思います。その人にとって、うつ病は大変なことでしたが、それを乗り越えていくなかで人生が変わっていく。そう思うから、私はその人が来ていろいろ愚痴を言われても、辛抱して聴いていられるのです。

しかし、ただ単に聴いているだけではだめで、どこかで私も「よし対決してみよう」と体調を整えて待つくらいのファイトがないと、変わらないところがあるんですね。それがちょっとちぐはぐになると、命が関わるような仕事になるので大変です。

小説『道草』が描くもの

先ほど夏目漱石の話をしましたが、漱石の小説で私が非常に好きなのは『道草』です。それは漱石がほとんど自分のことを書いていると言ってもいいような内容です。漱石は幼いときにしばらく養子にやられていました。あとで実家に帰ってくるのですが、その養子先の人が少々よこしまな人と言いますか、漱石が出世したというので、「お前を育ててやったじゃないか」と言ってお金をせびりに来るのです。

これは実際にあったことです。実際は漱石が養家から実家に戻ったときに、養家にちゃんとお金を払っています。あとあと何の関係もないようにそうしていたのです。けれども、漱石があまりにも有名になって、あまりにも収入が多いということになったので、金をせびりに来るのです。まったく同じではないのですが、そのことをもとにして漱石は『道草』という小説を書いています。

道草の主人公は成功して大学の先生になり、当時ですからものすごくたくさんの月給をもらっています。私が『道草』という小説のすごく好きなところは、養ってくれたおやじさんに道で出会ったとき、「悪いやつに出会った」と主人公は思います。それなら素通りすればよいのに、「近くに住んでいるから、よかったらどうぞ」と言ってしまうのです。言ってしまったら向こうもちゃんと来ます。

やって来て、「自分は金を貸してもらおうなんて気は毛頭ないし、何の欲もないんだけど……」と言って座っているので、うるさいから主人公も思わず五円くらい渡してしまう。「いやこんな金をもらう気は全然ございませんから」と言いながら、いつのまにかポケットに入れてさっと帰っていきます。そういうことがすごくうまく書かれています。

またやって来ると、奥さんはもちろん現実的ですから主人公に、「また来ましたよ。居留守を使いましょう」と言います。本当は逃げたいくせにそう言って会います。会って、またやらなくてもいいのに金をやります。奥さんが「あなたがあんなのにお金をやるからいけない」と言うと、「いや、そうとばかりも言っていられない」とぶつくさ言って、夫婦の間でちょっと波風が立ちます。

妻である女性の考え方と、主人公の男性の考え方がすれ違って、二人がむしゃくしゃすると、そこに付けこんで、その人の前の奥さんまでがやって来ます。それが、本当にうまい具合にやって来て、ぐちゃぐちゃ言いながら金を持って帰るところが絶妙に書いてある。

最後は手切れ金のようなものをやって、もう来なくなるようにします。誰かが仲に入ってくれたのか、とにかくうまくやります。すると奥さんが、「やれやれ、これで解決した」と言います。すると主人公が、「世の中には解決ということはないのだ。ただ、物事が見えなくなるだけであって、物事は常に続いて行くのだ」というようなことを言うのです。それを聞いて奥さんは、「また馬鹿なことを言っている」と言うところで終わります。

人間みな同じ

男のほうは文句ばかり言いながら現実感覚がなくて阿呆なことばかりをやっているし、奥さんは奥さんであまりにも現実的なことばかり言うので男も余計反発して……、というようなところが実にうまく書かれています。そういう姿を描きながら、もう一つ上から誰かが見ているというところがある。

だれかが非常に高いところからそれを見ていて『道草』を書いているので、考えてみると『道草』などというのは隠隠滅滅のストーリーのようなのに、読んでいてあまりそういう気分にはならないのです。「こんな嫌な話、もう読むのはやめた」と思わない。最後まで読んでしまうというのは、どこかちょっとおもしろいところがあります。

男は阿呆だというのがよくわかるし、女はうるさいというのもよくわかる。そういうのはどちらが悪いとかよいとかいうのではないけれど、きちんと書いてあります。私が当事者で、もし私が書いたとしたら、女は細かいことにうるさいということばかり書くのではないかと思います。逆に女の人が当事者でこうしたことを書いたとしたら、男は阿呆だとばかり書くのではないかという気がします。

ところが、男もこうで、女もこうで、もっと言うと人間とはこのように生きているのだ。東大を出ようが、ロンドンに留学しようが、金持ちになろうが、人間というのは同じで、こんなものだ。そういうことがすごくうまく書いてあるんです。

これは漱石の実体験ですから、漱石にとっては自分を育ててくれた親がひょっこり出てきて金を借りに来た、ということは一種の災難です。ものすごく嫌だと思ったけれど、それがまたちゃんと創造性につながっているということを、私は読んでいて思ったのです。われわれが接する人にそういうことを小説に書く人はめったにいませんが、よく思うのは、そういう変なことがあるおかげで夫婦の仲がうまくいっているというのはあります。

借りるものが現れなければお金に余裕もあり、人生があまりに単調で、どちらかが不倫をしたかもわからないのですが、ちょうど金を借りに来る者がいて、それに対応するために夫婦心を合わせて仲良くやっているというのを見ると、やはりうまくいっているのはそのおかげだな、と言いたくなるようなところがあります。

そんなことはないと思うなら、ご自分の周りで、「これはかなわない」「これさえなかったらどんなにいいだろう」と思うことが、「実はなかなかおもしろい」と思えるようなことがないか、どうか考えてみてください。そういう感じを『道草』はすごくうまく表現していると思います。実際、私のところにはたくさんの人が、「困った」「これが悩みだ」と言って来られますが、私は、その悩みこそが、まさにその人の人生全体から見ると、意味をもっているのだというように思えるのです。

「日本人」という病

こんな話を大江健三郎さんと話し合ったことがあります。大江健三郎さんもユーモアのある人ですから、「河合さん、そうなると私なんか病気が治ったら小説を書けなくなるね」と言われます。「病気を種にして書いているわけだから、うっかり治ってしまったら仕事ができなくなるな」と言われましたので、「そのとおりですよ、大江さん」と言ってしまいました。すると大江さんが、「それじゃ河合さんはどんな病気ですか」と言うので、「私はもう治らない病気になっています」と言うと、「どんな病気?」と聞かれます。「私は『日本人』という病気になっています」と答えて一緒に大笑いしました。私は『「日本人」という病』という本（岩波書店）を書きましたが、そう思うのです。

日本人だということは一種の病気のようなもので、アメリカ人と話をしたり、ドイツ人と話をしたり、中国人と話をしたりしていると、日本人というのはどうしようもないな、馬鹿なことをするし、自分のことも我ながら変だと思う。けれども、そういう病だということを、むしろ一つの自分の生きていく種と言うか、「日本人であるという病」を上手に生きていこうと考えると、何かふっと考える角度が変わってくるように思いました。

私が大江さんに「私は日本人という病気だ」と言うと、大江さんもすぐにわかられて、「そうだ、そうだ」と言っておられました。大江さんも日本人という病にかかっていると言っていいかと思います。

「病気になるほどよい」と言う気は毛頭ありませんし、なるべく病気にはならないほうがいいと思います。ですが、病気があったとしても、受けとめ方というのは案外いろいろあるものです。そういう結論になるのではないかと思います。

時間が来ましたからこれで終わりにします。どうもありがとうございました。

初出一覧

「カウンセリングと女性」
平成一一年度　四天王寺カウンセリング講座
「佛教とカウンセリング」第三五輯

「カウンセリングと芸術」
（原題「心理療法と芸術」）
平成一八年度　四天王寺カウンセリング講座
「佛教とカウンセリング」第四二輯
『四天王寺カウンセリング講座7』（創元社、二〇〇七）所収

「禅仏教とカウンセリング」
平成五年度　四天王寺カウンセリング講座
「佛教とカウンセリング」第二九輯

「日本中世の物語の世界」
平成二年度　四天王寺夏季大学
「佛教とカウンセリング」第二七輯

「病をいかに受けとめるか」
社団法人 日本てんかん協会
第二六回全国大会　特別講演（一九九九年一一月二〇日）

※本書に収録するにあたり、一部、補足・修正した箇所があります。

河合隼雄（かわい　はやお）

一九二八年、兵庫県生まれ。

京都大学教育学博士。京都大学名誉教授。元・文化庁長官。

一九五二年に京都大学理学部卒業後、高校の数学教諭、天理大学講師をへて、一九五九年にアメリカへ留学。一九六二年にスイスのユング研究所に留学し、日本人として初めてユング派分析家の資格を取得。一九六五年に帰国後、京都大学教育学部で臨床心理学を教えるかたわら、ユングの分析心理学を日本に紹介し、その発展に寄与。一九九二年、京都大学を退官。一九九五年、国際日本文化研究センター所長、二〇〇二年、第一六代文化庁長官に就任。

著書に『ユング心理学入門』『昔話と日本人の心』『明恵 夢を生きる』『河合隼雄著作集（全一四巻）』ほか多数がある。

二〇〇七年七月一九日、逝去。

河合隼雄《かわいはやお》のカウンセリング講話《こうわ》
二〇一三年八月二〇日　第一版第一刷発行

著　者　河合隼雄
発行者　矢部敬一
発行所　株式会社　創元社
〈本　社〉〒五四一-〇〇四七
大阪市中央区淡路町四-三-六
電話（〇六）六二三一-九〇一〇㈹
〈東京支店〉〒一六二-〇八二五
東京都新宿区神楽坂四-三　煉瓦塔ビル
電話（〇三）三二六九-一〇五一
〈ホームページ〉http://www.sogensha.co.jp/
印刷所　太洋社

ISBN978-4-422-11565-8